NHK BOOKS
1286

国家はなぜ存在するのか

ヘーゲル「法哲学」入門

okochi taiju
大河内 泰樹

NHK出版

目次

校　正　髙松完子
図版作成　手塚貴子
本文組版　佐藤裕久

はじめに

本書は、一九世紀ドイツの哲学者ヘーゲルの国家論にわかりやすい解説を与えることを目指しています。これまでもヘーゲルの「法哲学」や政治哲学については、類書が書かれてきました。ただ、本書の出発点となるのは私たちの記憶に新しいという意味で、とてもアクチュアルな問題、感染症によるパンデミックです。以下で論じるように、新型コロナウイルス感染症（Covid-19）は、私たちの時代の国家とその統治のあり方についてあらためて問題を提起しました。

いまさらコロナか？　もう終わった問題だろう？　と思われる読者の方も多いかも知れません。ところがコロナ禍が私たちに突きつけた国家権力の問題は、解決されたわけではなく、表面に現れなくなっているにすぎません。次の感染症が私たちを襲うとき、再びそうした権力に向き合うことになるでしょうし、あるいは感染症という形ではなくとも、私たちは日々の生活の中で意識しないうちにそうした権力と対峙しています。

ヘーゲルは「ミネルヴァの梟《ふくろう》は夕闇に飛び立つ」と述べたことで知られています。梟は知恵の象徴であり、この言葉は知恵は遅れてやって来ることを意味しています。私たちは、何かが過ぎ去ったときはじめて冷静に、正しくそれを知り、知識として蓄えて次の時代へ向かっていくことができるのです。その意味で、私たちはようやく新型コロナウイルスによるパンデミックで経験したことをじっくり考え直す地点に立っているのではないでしょうか。

じつは、ヘーゲルが生きていたのも感染症の時代であり、彼はその時代にパンデミックを引き起こしたコレラで死んだと考えられています。まさしく、感染症やその予防接種に対して社会がどう向き合うか、その際の国家の役割とは何かが議論されていた時代に、ヘーゲルは自分の社会哲学・国家哲学を練り上げようとしていました。

こうした視点からヘーゲル哲学を検討するにあたって、本書で参照しようとする、時代も国も違う、もう一人の哲学者がいます。二〇世紀フランスの哲学者ミシェル・フーコーです。ヘーゲルとフーコー。哲学史を勉強したことのある読者であれば、二人はまったく遠い存在のように思われることでしょう。

ところがこの二人の哲学者は、一六、七世紀に登場し、一九世紀に確立しつつあった権力（この二人にとって、それはそれぞれ違う意味で「同時代」の権力形態でした）に同じ特徴を見出していました。フーコーは、有名な「生権力」という概念を用いて、一九世紀のヨーロッパで実現されつつあったこの権力形態を分析していますが、ヘーゲルはまさに『法の哲学』という著作や、これに関する講義の中で（もちろん「生権力」という言葉は知らずに）その問題を扱っていたのです。

では、コロナ禍が私たちの国家のあり方に提起した問題とは、どのようなものだったのでしょうか。コロナ禍において国家は、感染症対策を行い、そのために私たちの行動を制限したり、私たちに予防接種を勧めたり、ときには強制したりしました。これは私たちの命を守ると同時に、私たちが経験したように（ときには、中国がそうであったようにより徹底して市民の自由を奪う形で）私たちの生活を規制する権力です。コロナ禍が私たちに可視化したのは、私たちの生活の隅々にまで、「私たちのため」といって介入してくる国家の姿でした。

実際、日本だけでなく世界各国で、国家が感染症対策の名目のもと、どこまで私たちの生活を規制することができるのかが議論されてきました。そうした中、コロナはたいした病気ではないとする、科学的根拠を無視した主張を行う人たちも登場し、問題となりました。

本書の中で触れるように、そうした極端かつ不適切な形で、この事態に対応しようとした人たちの中には、哲学者も含まれていました（それは本論で扱うように、まさにフーコーに影響を受けた哲学者でした）。コロナ禍によって問われていたのは、近代国家が持つ、こうした二面性であったということができます。

もっとも、本書はヘーゲルの国家論を感染症との関連からだけ扱おうとするものではありません。感染症対策という視点から出発して、そこに現れてくる近代国家の特徴について、ヘーゲルが何を考え、そして彼自身の哲学がそのことによってどのような性格を持つことになったのかを明らかにしていきます。

ヘーゲルが国家論として論じるのは、市民に対する統治という内政的な問題だけではありません。本書では、ヘーゲルが戦争や国際関係についてどのような主張を行っているのかも扱います。

本書を執筆している中で、ロシアのウクライナ戦争、イスラエルのパレスチナ・ガザ地区に対する攻撃など、戦争が再び現実的で切迫した問題として私たちの前に現れてきました。従来ヘーゲルの国際関係論は、カントの「永遠平和論」を批判したこともあり、国際関係をルールのない無秩序状態（ホッブズ的「自然状態」）とみなしたものと理解されてきました。本書は、これが誤解であることを主張したいと思います。

ヘーゲルは、たしかにカントの永遠平和論を単なる理念を説いたものとして否定しますが、彼の国際関係論の眼目は平和が不可能であると主張することではなく、より現実的に平和へと向かう国際関係の進歩についての見通しを明らかにすることでした。

本書は、もう一つ、読者にヘーゲルの『法の哲学』というテキストに取り組むときの手引きを与えることも目指しています。ヘーゲルには、本人によって刊行された『法の哲学』の他に、彼が生涯にわたって行った講義の中で語った内容を学生たちが筆記した講義録が存在しており、そのほとんどを幸いにも日本語で読むことができます。

このことは、世界的に見ても珍しいことであり、ヘーゲルを読もうとする日本語使用者にとっては大きな利点であるはずですが、逆に多くの『法の哲学』や『自然法と国家学講義』が存在することは、研究者以外の一般読者にとっては混乱のもとになっているようにも思われます。また、ヘーゲル自身が刊行した『法の哲学』のテキストも、重層的な構造をしており、それについての正しい理解なしには、ヘーゲルの「法哲学」（つまり著作としての『法の哲学』ではなく、内容としてのヘーゲル「法哲学」）の正しい理解もままなりません。

本書は、そうしたテキスト・資料状況に見取り図を与えることで、読者自身がヘーゲルの「法哲学」ないし『法の哲学』に取り組むきっかけとなることも目指しています。その意味では、読者もまた、ヘーゲルの「法哲学」を読み、本書が提示する解釈とは別の解釈を考えてみてほしいと思っています。古典的テキストとは、そのように開かれたものなのです。

本書が読者の一人ひとりの、ヘーゲル「法哲学」に取り組む第一歩となることを願っています。

序章

ヘーゲルの死と国家

妻マリーの手紙

ああ、彼の人生の美しくおだやかな晩にあなたが彼を看取ることができなかったなんて。内から発するものも外からやってくるものも〔彼において〕すべてが美しく調和していました。彼の祝福された仕事でそうしたすべてのものは幸福のうちで満たされていました。彼は、愛され、尊敬され、承認されながら、この地上での素晴らしい収穫祭を祝ったのです。彼は自分の〔人生の〕日課を成し遂げました、彼が精神の土壌に蒔いた輝かしい種は、何千もの根を張りめぐらし、讃えられ、すべての地上の存在を超え出て、忘れられぬものとなりました。そう、彼は主によって召されたのです。彼は、地上の衣を脱ぎ捨て、〔長生きしていれば〕彼の精神をさいなんだかもしれない加齢による苦しみや衰弱から解放され、いま神の浄福なまなざしの下にいるのです。彼はすでに地上で精神と真理という形で神を知ってはいたのですが。[*1]（亀甲括弧内引用者、以下同）

これは、ヘーゲルの妻マリーが、ヘーゲルの妹クリスティアーネに夫の死を伝える手紙です。ヘーゲルは、一八三一年の一一月一四日に亡くなりました。その死は突然でした。

この手紙は、ヘーゲルが死の二日前まで元気に試験や講義を行っていたと伝えています。ところが、彼は突然、翌日の日曜日に胃痛と吐き気を訴えます。幸い休日にもかかわらず医者が来てくれたのですが、妻が伝えるように「だれも夫の容態に深刻なものがあるとは思わなかった」そうです。しかし、その翌日ヘーゲルは急に衰弱し、ベッドからソファーに移ろうとしただけでその場にうずくまってしまいます。

彼は私に安静にしていれば大丈夫だといい、訪問は受けないようにいいました。私が彼の脈を取ろうとすると彼は愛情深く私の手を握り返しました。それは心配ないと語っているかのようでした。（HBZ 482）

それから再び医師にかかり、ヒルを使って瀉血《しゃけつ》したり（これは当時よく行われた治療法でした）マスタード粉を捏《こ》ねた湿布を貼ったりといった治療を受け、容態はおだやかになりました。ところが夕方になって急変します。

> 三時にぜんそくが始まり、それに続いてまたおだやかな眠りが来ました。しかし愛しい顔面に氷のような冷たさが拡がりました。両手は蒼く、冷たくなりました。私たちは彼のベッドのそばにひざまずいて呼吸に耳を澄ませました。――こうして故人はおだやかに息を引き取ったのです。（HBZ 481）

この手紙は、ヘーゲルの弟子ローゼンクランツが書いた、今日でも重要な記述を多く含む『ヘーゲルの生涯』(Rosenkranz 1844)[*2]という伝記にも引用されています。

このように、ヘーゲルは突然発病し、最初は軽い体調不良だと思われていたようですが、その後急速に病状が悪化し、わずか二日後に亡くなってしまいました。この手紙には、突然身近な人の死に直面することになった女性の悲痛な気持ちが表れています。しかしまた悲嘆に暮れる間もなく、マリーは夫の死を縁戚者に伝える手紙を書かなければならなかったのです。

この手紙は、ヘーゲルの死の間際の様子を描写したあと、次のように続きます。

ここでやめさせてください。これですべてがおわかりでしょう。私と一緒に泣いてください。けれど、また、私とともにこの苦痛のない、穏やかな、恵まれた終焉を神に感謝してくださいませ。そして、さあ、おっしゃってください。あなたは今申し上げたすべての事柄の中にコレラの兆候をたった一つでもお認めになりましたでしょうか。私はファレツ医事顧問官やホルン枢密顧問官などのお医者さまたちはそうだとお認めになり、しかも外に現れた兆候なしに、最も内奥の生命に極めて強烈な破壊を加えるコレラだとお認めになったということを身震いしながら聞かなければなりませんでした。夫の体内がどんなふうであったかをその方々はご覧にならなかったのです。（HBZ 481-482）[*3]

この箇所が伝えているのは、ヘーゲルはコレラで亡くなったと見られていたということです。最後の「夫の体内がどんなふうであったかを〔略〕ご覧にならなかった」というのは、コレラかどうかを決定的に判断するには、当時解剖が必要とされていたからです。マリーは、ヘーゲルの死が一貫しておだやかなものだったことを伝えているのですが、それは「最も内奥の生命に極めて強烈な破壊を加える」、恐ろしいコレラにはそぐわないものと思われました。

アジアのヒドラ

ちょうどこの頃、ヨーロッパではコレラのパンデミックが起こっていました。最初にロシアで流行し、これがどんどん西へと広がってゆき、ドイツ、フランス、さらにイギリス、アメリカにまで到達します。このときのパンデミックでは数十万人が犠牲になったといわれています。

インドの風土病だったとされるコレラは、当時「アジアのヒドラ」と呼ばれていました。ヒドラというのは、いくつも頭を持つ怪物ですが、その首を一本切り落としても、そこからまた二本の首が生えてくるといわれることから、コレラの感染力のすさまじさがそう表現されたのでしょう。じつは、これに先立つ一八二〇年代にコレラは日本にも到達しています。

こうして、東から広がってきたコレラが、ヘーゲルがいたベルリンに到達したのが、ヘーゲルの死とちょうど同じ年の一八三一年の夏頃だったといわれています。ドイツはまだ統一国家ではなく領邦国家と呼ばれるたくさんの国に分かれていました。ベルリンは、その中でも最大のプロイセン王国の首都であり、ヘーゲルは、このベルリンにあったベルリン大学で教鞭を執っていました。死の前年、一八三〇年まで彼はベルリン大学の総長も務めていました。

ベルリンにコレラが蔓延するきっかけをつくったのは、戦争でした。当時隣国ポーランドで反乱が起こっていたため、プロイセン国王は国境に軍隊を派遣します。同じく派遣されていたロシ

クラウゼヴィッツ（1780–1831）

グナイゼナウ(1760–1831)

ア軍がコレラをポーランドに運ぶことになり、プロイセン兵士たちの間でコレラが流行してしまったのです。このときプロイセンの将軍二人が立て続けに亡くなっており、それもコレラが原因だったと見られています。その一人がプロイセンの近代的軍制の基礎をつくったグナイゼナウであり、もう一人が『戦争論』の著者であり、ヘーゲルの影響も受けたといわれるクラウゼヴィッツでした。

死を取り巻いていたもの

今となっては、ヘーゲルの死因が本当にコレラであったのかを確かめるすべはありませんが、そうして見てみると冒頭に引用したマリーの手紙は、二〇二〇年からの新型コロナウイルスによるパンデミックで家族を失った方々の思いと重なり合うようにも

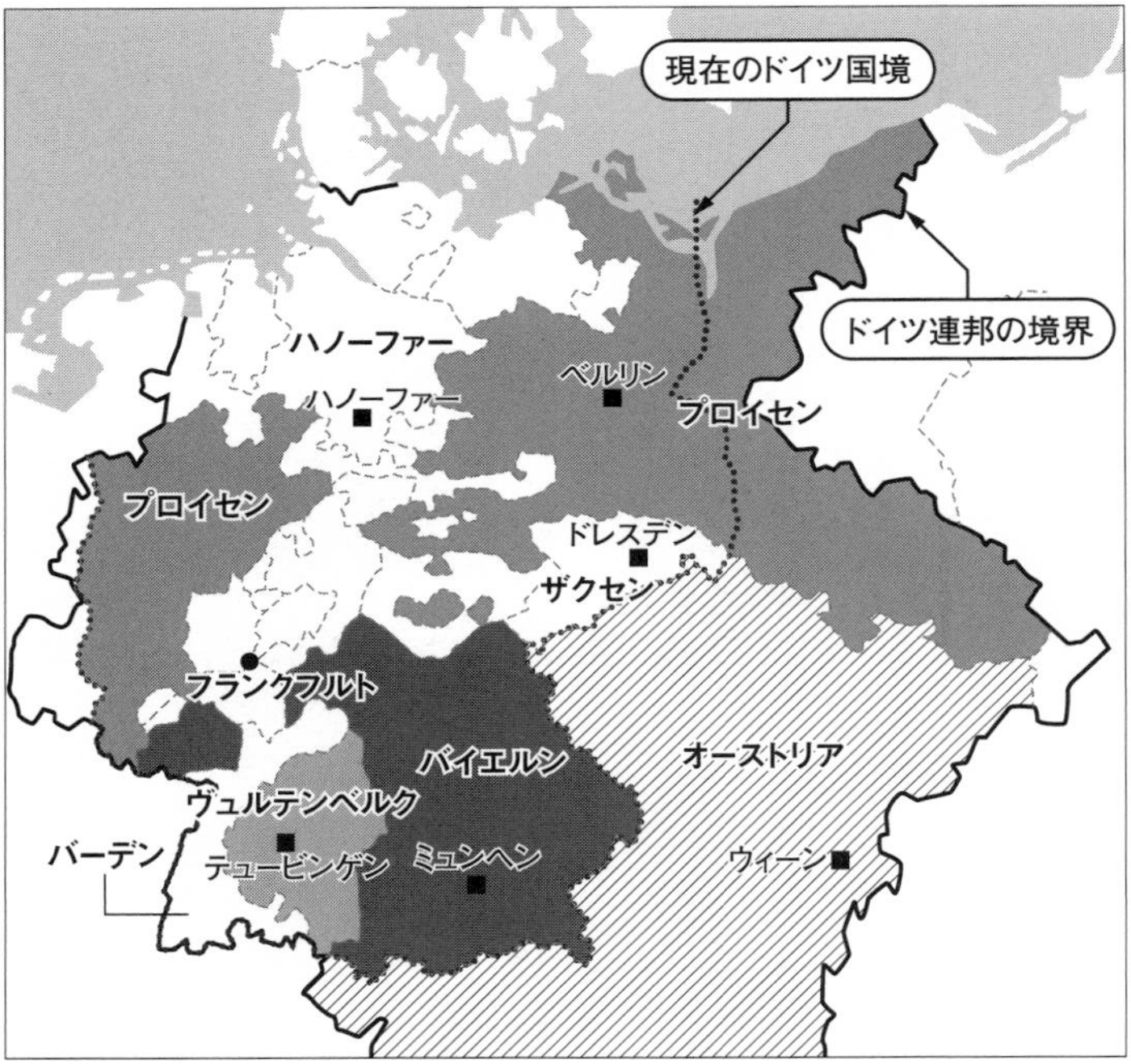

ヘーゲルの時代のドイツ連邦

思えてきます。

ベルリンでは最初のコレラの死者が発見されてから数日後には、対応施設のベッドがいっぱいになったと報告されており、とくに貧しい地域が被害を受け、一八三一年九月から半年で一四二六人が亡くなったと記録されています。[*4]

当時人口増加の著《いちじる》しかったベルリンのこの時点での人口については、はっきりしたことはわかりませんが、ニッパーダイの『ドイツ史 1800−1866』によれば、一八一六年に一九万八〇〇〇人だったベルリンの人口は、一八六五年には六四万六〇〇〇人になったとされています。[*5] そこから仮に一八三一年のベルリンの人口を三〇万人ぐらいだったと考えると、人口に対する死亡率は約〇・五％となり、かなり高かったと推測できます。

ここで、当時ベルリンの状況を見ていたある医師が書き残した文章を紹介したいと思います。フーフェラントという、ドイツ医学の近代化に貢献した医師であり作家でもあった彼は次のように述べたと言われています。

私たちベルリンの医師が恥ずべきなのは、コレラが文明的な諸国、つまり医療ポリツァイが存在し、死亡表が作成されている国々で猛威をふるうようになって以来、罹患者の数に比して、これほど多くの死者が出たところはないということです。[*6]

この医師は、ベルリンのコレラ罹患者の死亡率が高いという状況を嘆いているのですが、その文脈で「医療ポリツァイ」という言葉が登場しています。

本書ではまず、この医療ポリツァイという言葉に注目したいと思います。これこそまさに、先にマリーの手紙において見たヘーゲルの死を取り巻いていたものであり、またヘーゲル自身の哲学をもう一人の時代も国も違う哲学者とつなぐものでもあるからです。

「はじめにナポレオンありき」

時代状況を確認しておきましょう。先ほど言及したニッパーダイの『ドイツ史 1800―1866』は、この時代のドイツ社会史の重要著作ですが、この本は「はじめにナポレオンありき」という、印象的な言葉ではじめられています。

これはもちろん、「はじめに言葉ありき」ではじまるヨハネ福音書をもじっているわけですが、当時のドイツにとってナポレオンのインパクトがとても大きかったことを物語っています。一七八九年にフランス革命があり、ドイツの領邦国家たちもそれに続く戦争に関わっていく中でナポレオンが登場し、あっという間にヨーロッパを席巻していきます。ドイツの領邦国家も多くがナポレオンの支配下に入ります。

ヘーゲルのいたプロイセンは、ヘーゲルが『精神現象学』を執筆していたちょうどその頃、ナポレオンに大敗北を喫しました。しかしこのことが、逆に遅れていたドイツの領邦国家に近代化のきっかけを与えます。

それまでドイツの多くの領邦国家には、まだ封建的な制度が多く残されていたのですが、むしろナポレオンの支配下で、あるいはナポレオンに対抗するために、近代的な社会制度を整えることを強いられたのです。その結果、とくにバイエルンや、ヘーゲルの生まれたヴュルテンベルクなど西南ドイツの国々では憲法も制定されることになりました。

しかしナポレオンの没落後、一八一五年のウィーン会議で、混乱したヨーロッパ秩序の再建が図られることになり、ヨーロッパはここから復古と反動の時期に入ります。ヘーゲルは、一八一八年にベルリン大学に招聘《しょうへい》されますが、それはちょうどプロイセンで近代化と復古の動きがせめぎ合っている時期でした。

ベルリン大学への招聘

ベルリン大学は一九世紀後半に大きな発展を遂げ、二〇世紀になってからは多くのノーベル賞研究者を輩出したことで、近代大学の一つのモデルとも目されることになります。しかし、当時はまだ開校して一〇年足らずの新設大学でした。このベルリン大学創立もナポレオンと大きな関わりがあります。

プロイセンは、ハレという町に大学を持っていましたが、ナポレオン率いるフランス軍に負けたことによって、この大学を失ってしまいました。そこで教授たちは当時の国王フリードリッヒ・ヴィルヘルム三世に新たな大学の設立を陳情します。これに対して、国王は「物質的な力において失ったものを精神的な力で補わなければならない」と述べ、ベルリンに大学を設立することを決断したといわれています。[*7]

このベルリン大学に、最初の哲学者として呼ばれたのが、哲学史上カントとヘーゲルをつなぐ重要な哲学者であるフィヒテでした。しかし、フィヒテが講義を開始したときには、大学の校舎はまだ建てられておらず、講義も既存の建物を間借りして行われていました。

フィヒテが一八一三年に亡くなってから、この席は空席でしたが、当時プロイセンの改革を進めていた宰相ハルデンベルクのもとで文部大臣を務めていたアルテンシュタインに、プロイセンの新時代の哲学者たることを期待されて、ヘーゲルは招聘されたのです。

フーコーの講演から

さて、先に「医療ポリツァイ」という言葉を、フーフェラントという医師が用いていたことを紹介しましたが、もう少しこの言葉を掘り下げてみたいと思います。

医療ポリツァイと訳したのはドイツ語で「メディツィーニッシェ・ポリツァイ medizinische Polizei」という言葉で、英語に直訳すると「メディカル・ポリス medical police」ということになります。英語やフランス語の「ポリス police」もそうですが、この「ポリツァイ Polizei」という言葉は現在のドイツ語では「警察」を意味する言葉です。そうすると「医療警察」と訳すこともできそうですが、これは今、私たちが想像するような警察とは大きく異なっています。

じつは、この医療ポリツァイについては、ミシェル・フーコーが彼の権力論の中で扱っています。フーコーは二〇世紀のフランスの哲学者で、『言葉と物』や『監獄の誕生』といった著作がよく知られていますが、彼は一九七四年にブラジルのリオデジャネイロで「社会医学の誕生」という講演を行っています。

その中で当時取り組んでいたプロジェクトの一端を語っているのですが、そのプロジェクトとは、医療と結びついて人々の生活や身体を編成していく一七世紀や一八世紀の権力の様態を明らかにしようというものでした。

フーコー（1926–1984）
写真提供：AFP＝時事

まさにこの講演の中で、フーコーはプロイセンの医療ポリツァイに言及しており、そこに当時成立しつつあった新しいタイプの権力を見ています。フーコーは医療と権力をめぐって、この時期にヨーロッパの国々で進んでいたプロセスを「医療化」と呼び、次のように述べています。

人間の存在、行い、行動、身体が一八世紀以来、ますます稠密で大規模な医療化の編み目の中に組み込まれるようになり、その編み目から逃れられるものは次第に少なくなってきた（フーコー「社会医学の誕生」二七八頁＝DE II, 208）

フーコーによれば、この時期に人々の生活がどんどん医療の編み目の中に組み込まれていくというプロセスが進んでいたのであり、そうした医療化が先進的に進んでいたのがプロイセンでした。

実際、プロイセンはドイツの領邦国家の中でも、ナポレオンのインパクト以前から国家の近代化を進めていた国でした。フーコーによれば、「経済的にそれほど発展しておらず、政治的にはより不安定なプロシア〔プロイセン〕が、ヨーロッパの中央部で誕生した最初の近代国家だった」（同二八二頁＝DE II, 212）のです。

プロイセンは、現在のドイツから見たらかなり東方から生じた国であり、この頃も今の（第二次世界大戦後に確定した）ドイツ・ポーランド国境よりも東方の農業地帯に広がっていました（一八頁の地図参照）。先ほど、ドイツは当時遅れた領邦国家に分かれていたと述べましたが、そうした領邦国家の中でも、とくにプロイセンは農業を中心にした、産業的に遅れた国でした。

しかし、そうして政治的にも経済的にも遅れていたことが、むしろプロイセンを近代化に向かわせました。その中の一つの重要なファクターが「医療化」であったというわけです。

「医療ポリツァイ」とは何か

その「医療化」の中で、私たちが今注目している「医療ポリツァイ」というものが導入されたといわれています。『公衆衛生の歴史』を書いたローゼンという医学史家によれば、医療ポリツァイという言葉は、一七六四年のドイツの医師ヴォルフガング・トーマス・ラウ（Wolfgang Thomas Rau）がはじめて用いました（ローゼン 一九七四、一一三頁＝Rosen 2015, 87）。

ドイツでは公衆衛生が他国よりも発展しました。その中で、ヘーゲルの死というものがあったわけです。先に見た医師フーフェラントの嘆きも、こうした文脈で理解しなければなりません。

医療ポリツァイは、フーコーの言葉を使うならば、国家が「医療化」を進めるために導入した行政機構・装置です。したがって、「警察」でイメージされるようなものとはまったく違います。フーコーはこの医療ポリツァイに四つの要素があることを指摘しています（フーコー「社会医学の誕生」二八三頁以下＝DE II, 212-214）。

まず、一つ目が罹病率の観察。これは、どのぐらいの割合の人が病気になっているかを観察していくことです。

二つ目が医師という職業の国家資格化です。これは今、私たちにとって当たり前のこととなっていますが、当時はまだそうではありませんでした。この医師の国家資格化をいち早く進めたのがプロイセンであったとフーコーは述べています。

第三に、これと関連して医師の活動を監視する行政組織が形づくられたといいます。今でいえば厚生労働省や医政局のようなものと考えたらいいでしょう。当時のプロイセンは現代の国家のように、省庁がそれほど細かく分かれていませんでしたが、内務省というものが存在していました。その内務省のもとで、医療政策も進められており、医療ポリツァイの制度化が進んでいったというわけです。

最後に四つ目として、「医学官僚」が誕生したといいます。医療行為を国家が監視するとしても、専門知識を持った官僚がいなければなりません。冒頭のマリーの手紙の中で、「ファレツ医事顧問官」や「ホルン枢密顧問官」といった名前が出てきますが、この人たちは、まさにそういう医学官僚だったと推測することができます。

人々を統計的に把握する

フーコーは「医療ポリツァイ」にこうした四つの要素を見ていますが、その中でも一つ目の罹病率の観察という点がとくに重要です。これには住民を人口として統計的に管理するということが関連しています。まさにこの人口の統計的管理をフーコーは「生政治的な戦略」だといいます。

フーコーの「生政治」という概念については、すでに多くの研究や解説がありますが、これは人間の生命を統治の対象とする政治、と説明することができるでしょう。権力というのは私たちを物理的な力、つまり暴力によって支配するものであるという理解が通常ありますが、この生政治、ないしは医療ポリツァイにおいて現われてくる権力は、人々に何かを強制したり、人々を痛めつけたりするような否定的に働く権力ではありません。むしろ人間を生かす、肯定的に働く権力だというのです。フーコーはこれを「生権力」と呼びます。

ここで重要なのが、統計的に人々を把握するということです。この権力は個人を拘束したり痛めつけたりするのではなく、人口を全体として調整しようとします。そして、その結果として個人を殺すよりは、むしろ生かしていくわけです。そういう新しいタイプの権力、ないしは政治というものを、フーコーは当時のプロイセンの医学の中に見出しました。

一九頁で引用した、医師フーフェラントの言葉をもう一度見てください。そこでは「死亡表」という聞き慣れない言葉が使われていました。そもそも罹患者の数に比して、どれだけの死者が出たかという割合を出すためには、統計をとっていないといけません。「死亡表」というのはまさにそのために用いられたツールでした。

死亡表はドイツ語で「トーテンリステTotenliste」（トーテンTotenは死者、リステListeはリストを意味します）と呼ばれますが、フランスにも「table de mortalité」（tableは表、mortalitéは死です）という同様のものがありました。これを最初に導入したのはイギリスで、一六世紀末のロンドンで、すでに「死亡表bills of mortality」が付けられ始めていました。最初は断続的でしたが、一六〇三年以降継続的に作成され、毎週印刷されていたそうです（Graunt 1676）。のちにこれを調査したロンドン市民グラントの「死亡表に関する自然的および政治的諸観察」（一六六二）は、統計学の古典と見なされています。

フーコーも生政治的な統治の中で死亡表という道具が使われたことに注目しています。[*8] しかしフーコーは、フランスでもイギリスでも死亡表の作成を通じて、政府が「健康レベルを高めるために介入するということはなかった」（フーコー「社会医学の誕生」二八三頁=DEⅡ, 212）といいます。

それに対して国家による健康への介入が発展したのは、後進国であるプロイセンでした。プロイセンはフランスよりも、より緻密な統計的管理をしていたというのです。

この生権力の道具としての死亡表について、フーコーはこう述べています。

〔生権力において〕権力が影響を及ぼすことができるのは死la mortではありません。死亡率

la mortalitéなのです。（フーコー『社会は防衛しなければならない』二四七頁＝221）

従来の権力は、たとえば敵や罪人に死をもたらすものだと見なされてきたのですが（フーコーはそうした権力を「主権権力」と呼びます）、生権力はそうではなく、死亡率に影響を与えようとします。疫病が発生したときに、いかにしてそれによる死亡率を減らすかという、コロナ禍において世界中で表面化した権力が、この時代にすでに存在していたことが浮かび上がってきます。

統計学が国家にとって重要な理由

「統計学」はドイツ語でStatistik、英語ではstatisticsといいます。その語源はラテン語で、最初は「状態」を、そしてのちに「国家」を意味することになったstatusです。このラテン語は、英語のstateやドイツ語のStaatの語源でもあります。統計という言葉には、「国家」が含まれているというわけです。

グリム童話で有名なグリム兄弟が編集したドイツ語辞典がありますが、そこでは「Statistik」という「統計学」を意味する言葉は、最初、「国家学Staatskunde」を意味したとはっきりと書かれています。[*9] ここから統計学が、国家と密接に関連した学問だったことを見て取れます。

日本では、二〇一九年と二〇二一年に立て続けに、国の基幹統計の不正・改ざんが明らかとなりましたが、統計によって国の現状を正確に把握することは近代国家にとって必須の条件です。生権力が対象とするものについて、フーコーは次のように述べています。

主権者にとって必要な知は、法についての認識よりも物についての認識となります。この主権者が認識すべき物とは、国家の現実そのものなのであって、それがまさしくこの時代に「統計学」と呼ばれていたものなのです。（フーコー『安全・領土・人口』三三八頁＝280）

生政治、生権力においては、法ではなく物についての認識が必要になると述べられています。主権者が統治するのはその国家の住民であって、それはもちろん人なのですが、しかし国家は個々の人間を直接統治の対象とするだけではありません。その住民が生活するにあたって必要な物資が、その住民たちにきちんと行き届くかどうか、さらには感染症が流行したときに、その住民に薬や医療がきちんと行き渡るようになっているかといったことを、統計を用いて管理するのが国家の課題となったわけです。

フーコーが述べるように、こうして医療・医学というものを用いて、人口として把握される住民を統治しようという権力形態が当時生じていたのであり、その典型的な道具が統計でした。つまり、統計というのは、国家による住民の統治のための技術でした。

今でももちろん統計は国家にとって重要な情報源であるものの、国家以外のいろいろなところで役に立つツールになっています。しかし、元々は国家というものと密接に関わるものだったのです。[*10]

再びマリーの手紙

ここまでフーコーの医療ポリツァイに関わる議論を見てきたわけですが、もう一度、ヘーゲルの妻マリーが書いた手紙に戻りたいと思います。次の箇所は、一五頁で引用した箇所に直接続く箇所になります。

> ヘーゲルは、併発コレラによる死亡者として委員会に報告されたのですが（私は、愛する夫の遺体を私の居間に置いたままにするようお願いしたのですが、委員会はこの居間に夫の遺体を閉じ込めて、あらゆるものをすっかり燻《いぶ》して、消毒したのでした）、私たちの友人たちは誰も、非常に臆病な方たちさえも、おそれることなく、皆さんが私のところにお悔やみに駆けつけてくれました。（HBZ 482; ローゼンクランツ 一九八三、三五九頁）

ここからうかがえるのは、コレラによる死者が出た際に、届けを出し、その遺体をどう扱うべきかを指導する委員会なるものがあったということです。

マリーは遺体を家にとどめておくようこの委員会にお願いしたと述べています。そして、家においておくために、燻して、消毒したというのです。つまり、ここで行政、つまり医療ポリツァイによって感染防止処置がとられていることがわかります。

マリーはさらに次のように述べています。ここから、当時の医療ポリツァイがどのように働いていたのかをうかがうことができます。

私たちの友達が積極的に取りなしてくださり、言葉に尽くせない苦労の結果、要職にある方が口をきいてくださったおかげもあって、故人の人格にたいする配慮から、初めてのそして唯一の例外として認められ、故人〔の遺体〕はコレラ死体運搬車に乗せられたり、二四時間後には夜陰に乗じて密かにコレラ墓地へ運ばれたりということをされずにすみました。

（HBZ 727; ローゼンクランツ 一九八三、三五九頁）

じつは当時のベルリンでは、コレラ患者やコレラによる死亡者を運搬する際には、それを市民が避けられるように、夜間、しかも鈴を鳴らしながら運搬しなければならないということが、国王が出した布告の中で定められていました（Eckart 2011, 81）。それはつまり、フーコーの用語を用いれば、ヘーゲルの遺体も、医療ポリツァイによる「生政治的統治の対象」であったということです。

ところが、ここで書かれているように、友人たちの奔走により特例が認められ（そこには彼が元ベルリン大学総長だったことも影響したでしょう）、ヘーゲルの遺体はこうした措置を受けることなく通常の墓地に、故人の生前の意思に沿って哲学者フィヒテの墓の隣に埋葬されることになりました。

次ページの写真は、現在ベルリンにある、ヘーゲル（右）とマリー（左）の墓ですが、もし当時のベルリン市が厳格な対応をとっていたならば、私たちは、こうした形でヘーゲルと、その後亡くなった妻マリーの墓を目にすることはなかったでしょう。

マリーの手紙はこうした例外措置が当然のものではなかったこと、ヘーゲルのような地位にあった人でも、例外を認めてもらうのに、妻マリーや友人たちが大変な努力をしなければならなかったことをうかがわせます。

さて、ここまで私たちは、ヘーゲルの哲学そのものにはまったく触れてきませんでした。ヘーゲルの死、その状況について伝えている妻マリーの手紙を出発点にして、当時のプロイセンにおける医療ポリツァイと呼ばれるものがどういうものか、あるいはヘーゲルの死を取り巻いていた制度的な状況、医療政治的な状況がどういうものだったかを、フーコーを通じて浮かび上がらせ

ヘーゲルとマリーの墓

てきました。

ここにフーコーとヘーゲルの意外な接点があったわけですが、その接点はただのエピソードにとどまるものではありません。フーコーが生権力の原型を見出したポリツァイは、ヘーゲル自身が『法の哲学』で論じたものでもありました。

第一章
『法の哲学』から見えてくること

著作としての『法の哲学』

さて、本章から少しずつヘーゲルのテキストを取り上げていきたいと思います。本書で主に扱うヘーゲルのテキストは『法の哲学』ですが、書店のホームページなどで「ヘーゲル」と「法哲学」というキーワードで検索すると「法哲学」、「法の哲学」、「自然法と国家学」といった言葉を含んだ非常に多くのヘーゲルの著作が検索結果としてでてきて困惑されるのではないでしょうか。そこで、まずこの『法の哲学』と呼ばれる著作について、簡単に説明しておきましょう。

ヘーゲルは、一八二〇年に『法の哲学要綱あるいは自然法と国家学概説』と呼ばれる著作を出版します。[*11] これが『法の哲学』ないし『法哲学』と呼ばれるものです。[*12] 注意しなければならないのは、この著作は、講義で用いられることを想定したものであったということです。

つまり『法の哲学』は、口頭で補うことを前提として書かれた著作でした。そのために記述は大変圧縮された抽象的なものになっています。序文と緒論を除いた本文は、三六〇の節からなり、それぞれの節は、通常比較的短い本文と、そこから段を下げて記された註解により構成されています。

たとえばランダムに、岩波文庫版『法の哲学』の第二一五節の最初の部分を引用してみましょう。難しいと思いますが、ここでは内容を理解する必要はありません。まずはどういう構造、形になっているのかを見てみてください。

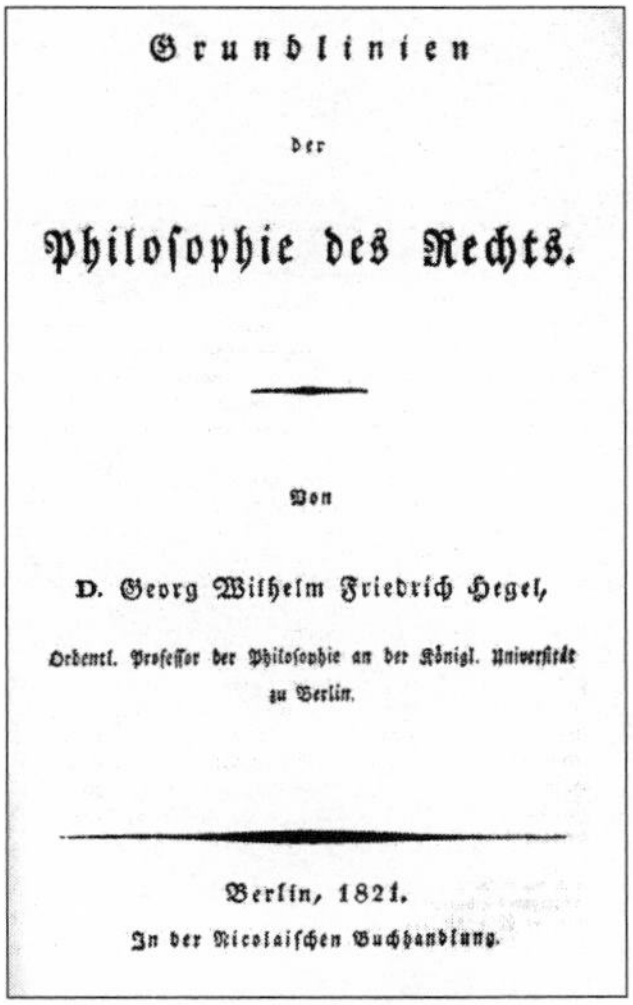
Grundlinien
der
Philosophie des Rechts.
Von
D. Georg Wilhelm Friedrich Hegel,
Ordentl. Professor der Philosophie an der Königl. Universität
zu Berlin.
Berlin, 1821.
In der Nicolaischen Buchhandlung.

1821年刊行の『法の哲学』表紙

第二一五節
法律に対する義務は、自己意識の法〔権利〕という面からすれば、法律が一般的に公示されているという必要性を含んでいる。
僭主ディオニュシオスがおこなったように、法律を高いところに掲げて、市民の誰もがそれを読めないようにしたり

ヘーゲル（1770–1831）　旧国立美術館（ベルリン）蔵（©Staatliche Museen zu Berlin, Nationalgalerie）

——あるいは法律を、学術書や相互に食いちがう判断や意見からなる判例や習慣等々の広範多岐にわたる資料のうちに〔後略〕

ここでは最初の二行が第二一五節の本文です。とても短いですね。次の一段下がった部分がこれに対する註解です。これらはいずれもヘーゲル自身が書いた箇所です。

ところが、みなさんが『法の哲学』の翻訳をご覧になると、この本文と註解に、「追加」や「補遺」と呼ばれる、たいていの場合それらよりも長い文章が付け加えられていることに気づかれるかと思います。たとえば、岩波文庫版の同じ第二一五節では註解が終わったあとの一行空けて下がったところに、もっと小さな文字サイズで「補遺」で始まるブロックが続けられています。

〔前略〕それへの感謝の念をもって国民から称讃されただけではなく、それによって彼らは偉大な正義の行為をなし遂げたのである

【補遺】《法の一般的知識》法律の特殊な知識をもつ法律家身分は、しばしばこの知識を自分たちの独占物とみなしており、そしてこれを本業としない者は口を挟むべきではないとされる。同じように〔後略〕

じつは、この「追加・補遺」はヘーゲル自身が書いたものではなく、一八二〇年に出版された『法の哲学』には含まれていませんでした。それでは、この箇所はどこから来たのかというと、ヘーゲルの弟子が、ヘーゲルの講義に出席していたときにとった講義録、つまりノートからです。弟子たちは、ヘーゲルの死の翌年にはこの哲学者の偉業をたたえるために全集を刊行し始めます。『法の哲学』はそのさい、エドゥアルト・ガンスという弟子が担当することになりますが、全集版では、各節にそこに対応すると判断される内容が講義録から付け加えられました。このガンスの編集した『法の哲学』は一八三三年に出版され、その後の多くの版はこのガンス版にしたがったため、この「追加・補遺」が付け加えられた形で出版されています。

以上が、いわゆるヘーゲルの『法の哲学』という著作についての説明です。

『エンチュクロペディ』と「法哲学」講義録

さらにヘーゲルは、これもまた講義で用いる教科書として執筆された『哲学的諸学のエンチュクロペディ』という著作を『法の哲学』に先立つ一八一七年に刊行しています。これをヘーゲルは生前に大幅に書き換え、第二版（一八二七年）、第三版（一八三〇年）と合計三つの版を出版しました。

その第三部「精神哲学」には、『法の哲学』に対応する「客観的精神」という箇所があります。この箇所もまたヘーゲル自身が執筆した「法哲学」の一バージョンだということができます。この『エンチュクロペディ』の「精神哲学」は、同じく岩波文庫では『精神哲学　上・下』として刊行されています。これも『法の哲学』と同じように、本文、註解、補遺からなるテキストです。

ヘーゲル「法哲学」に関しては、さらに『法哲学講義』、『自然法と国家学』、『講義による法哲学』といった似通ったタイトルの本があります。これらは何かといえば、ヘーゲルが行った講義の学生による講義録の翻訳です。

ヘーゲルは一八一七年からその死まで、七回の「法哲学」に関する講義を行っており、重複した年のものも含めて九つの講義録が残されています。これらはいずれもドイツ語で出版されており、そのうち七つは日本語に翻訳されています。一八二〇年の『法の哲学』の翻訳以外は、そうした講義録の翻訳です。

ヘーゲルは「法哲学」に関する講義をいずれの年も冬学期に行いました。冬学期というのは現代のドイツでも通常一〇月から翌年の一月にかけて行われます。それゆえ、これらの講義録にはいずれも、たとえば「一八一七・一八年」といったように、連続する二つの西暦が付されていま す。それはつまり、一八一七年の秋から一八一八年にかけての冬学期に行われた講義のノートだということを意味します。

これらの翻訳は、それぞれ単独で出版されたものを底本にしていますが、今ではこれらの講義録はすべて、一九六〇年代から刊行されているドイツ語の新しい全集版の第二六巻に収録されています。以下ではこの全集版を「GW」とし、そのあとに巻数と分冊の巻数を示します。「GW26-2」は、第二六巻の第二分冊を意味します。

ヘーゲルの政治哲学、国家哲学については、これ以外にも若い頃に書かれた草稿や、時事問題を論じた政治論文などもあるのですが、それらについてはここでは触れないでおきます。

したがってヘーゲルの「法哲学」には次の三つのものがあるということになります。

1. ヘーゲルが『法の哲学要綱あるいは自然法と国家学概説』として一八二〇年に出版したもの、またはそれを（多くの場合は補遺を付け加えて）再版したもの。

2．『エンチュクロペディ』第三部「精神哲学」第二編「客観的精神」（第一版：一八一七年、第二版：一八二七年、第三版：一八三〇年）。
3．「自然法と国家学」などのタイトルで行われた「法哲学」に関する講義の聴講者による講義録。

さて、本書で主に用いるのは、一八二〇年の『法の哲学』、それに付された「補遺」、そして講義録です。それぞれその都度記していくので、興味のある方は、それがヘーゲル自身が書いた言葉なのか、それとも講義で語ったこととしてノートに記されていた言葉なのか、気にしていただければと思います。

予防接種は強制できるのか

前章では、ヘーゲルの死に、当時のプロイセンにおける「医療ポリツァイ」と呼ばれるものが関わっていることを見ました。では、ヘーゲル自身、この医療ポリツァイについて何か述べているのでしょうか。

ヘーゲルは、純粋に哲学的な主題から、自然や社会、歴史に至るまでおよそあらゆることを論じた哲学者ですが、私の知る限りでは、「医療ポリツァイ medizinische Polizei」という概念を一度も用いていません。ただし、これに関連することを述べているところが二カ所あります。

一つ目は、一八二四・二五年の「法哲学」講義で、疫病の監督に言及している箇所です（四七〇頁＝GW 26-3, 1383）。そこには「疫病の疑いのさいには〔ポリツァイによる〕監督がなければならない」と述べられています。ただ、この直前で語られているのは畜産動物の監督についてであり、ここで疫病の疑いといわれているものも、むしろ動物の疫病のことだと思われます。ただ、これもまた市民の健康のために考えられていたことは間違いありません（今日でも、例えば鳥インフルエンザが発生すると、消毒や殺処分などの対策が行政によってとられます）。

もう一つ、子どもに種痘（天然痘の予防接種）を受けさせるよう親に強制することができるかどうかを検討している箇所があります。これは『法の哲学』第二三九節の補遺にも見られますが、ここではより詳しく述べられている一八二四・二五年の講義録から引用したいと思います。

しかし他方で、子どもたちは市民社会のために育成される権利を持っているのだとするならば、子どもたちにそうした権利を得させることを親が行わない場合には、市民社会は介入しなければなりません。だから、一定の子どもたちを学校に通わせなければならないという法律があるのです。同様のことは多くの他の事例にも当てはまります。たとえば種痘です。ドイツ、フランス、イギリスなどではこれは親たちに任されています。問題は、子どもたちに種痘を受けさせるよう、親に求める権利が市民社会にあるのかどうかです。バイエルンではこれが認められています。（一八二四・二五年講義 四七四頁＝GW 26-3, 1387）*13

ここでの直接の主題は、医療ではなく子どもの教育なのですが、その中でヘーゲルは予防接種の強制の是非について語っています。二一世紀のコロナ禍においても、ワクチン接種を強制すべきか、そもそも国家にそのような権限があるのかについて、世界中で議論されましたが、種痘をめぐってすでにこの時代に、同じような議論がなされていました。ここではとくに学校に通う子どもたちに種痘が強制できるのかが議論になっています。

ヘーゲルは、子どもたちは「家族」のためではなく、「市民社会」のために育てられる権利を持っているのだといいます。これは別に、社会の役に立つ人にならなければならないということではなく、むしろ自立して職業を持って自分で生きていけるように育てられる権利があるということです。

そして「子どもたちにそうした権利を得させることを親が行わない場合には」、要するに、市民として自立していくための教育を親が怠けてしまうときには、「市民社会は介入しなければならない」というわけです。「市民社会」という概念についてはあとで説明をしたいと思いますが、ここではさしあたり私たちが普通に理解する国家に置き換えていただいても大丈夫です。したがって、子どもは学校に通わせなければならず、学校に通うことは子どもの権利であるということになります。これに関連してヘーゲルは予防接種の事例を持ち出してきます。つまり、子どもが健康に育つために予防接種が必要だとして、子どもに予防接種を受けさせることを親に強制できるのかが問われていたのです。

種痘論争のもとで

ここで問題になっているのは種痘です。牛痘による天然痘の予防接種は、一七九八年にイギリスの医師E・ジェンナーによって発表され、瞬《また》く間にヨーロッパに普及しました。これを強制することができるかどうかが、まさに当時議論となっていたのです（ローゼン 一九七四、一三二〜一三三頁＝Rosen 2015, 103-104）。ヘーゲルの報告では、当時「ドイツ、フランス、イギリスなどではこれは親たちに任せられて」いたとされていますが、ドイツの領邦国家の一つである「バイエルンではこれ（種痘の強制）が認められています」と述べており、事実に合致します。

当時バイエルン王国は、国家の近代化を急速に進めている最中でしたが、じつは一八〇七年に世界で初めて種痘を国民に義務づけました。これが先例になって、ヘーゲルが生まれたヴュルテンベルクも含めていくつかのドイツの領邦では種痘を義務づけることになりました。

他方で、強制には慎重な国もあり、これが論争になっていました。一八〇八年から一八一六年まで、ヘーゲルはバイエルンにあるニュルンベルクという都市のギムナジウム(大学進学予定者用の中学・高校にあたる)の校長を務めていましたから、このことをよく知っていたはずです。

では、プロイセンはどうしたかというと、直接種痘を強制するのではなくて、種痘を受けたという証明書を提示したら、子どもを登校させてよいとする措置をとっていました。いずれにせよ、ヘーゲルが講義を行っていた頃にちょうどそうした政策が検討されていたのです。ヘーゲルはそうした時事的な話題を取り上げていたというわけです。

ヘーゲルは、医療ポリツァイという言葉自体は用いていないのですが、この二つの議論、疫病の監督、それから子どもに種痘を受けさせることを強制できるかどうかについて、「ポリツァイ」という表題のもとで論じています。したがってヘーゲルはポリツァイの一つとして、その言葉は使わずとも医療ポリツァイを考えていたといってよいでしょう。

じつは、ポリツァイはヘーゲルの『法の哲学』における重要な概念の一つです。そこで以下では、ヘーゲルが『法の哲学』でポリツァイをどのようなものとして理解していたのか、そしてここまで検討してきたフーコーの権力論とどのように関係しているのか。さらに、それが現代の私たちを取り巻いている権力を考えるにあたってどのようなヒントを与えてくれるのかを見て行きたいと思います。

『法の哲学』の構成

ヘーゲルが「ポリツァイ」という概念を扱っているのは、『法の哲学』という著作の中の、「市民社会」という章の中です。

ヘーゲルの『法の哲学』は、すでにおわかりかと思いますが、法律についての哲学としての今日の「法哲学」よりも、かなり広い範囲のものを扱っています。この『法の哲学』の構成を簡単に見ておきましょう。

『法の哲学要綱あるいは自然法と国家学概説』

序文
緒論
第一部　抽象法
　第一章　所有
　第二章　契約

第三章　不法
第二部　道徳性
第一章　故意と責任
第二章　意図と福利
第三章　善と良心
第三部　人倫
第一章　家族
第二章　市民社会
第三章　国家

『法の哲学』は、大きく三つの部分からなっており、第一部が「抽象法」、第二部が「道徳性」、第三部が「人倫」となっています。狭い意味での「法哲学」といえるのは（つまり法律と関わるのは）、この第一部だけだといっていいでしょう。第二部では「道徳性」が扱われ、通常理解される「法」からすでに逸脱していることがわかります。

「法」を通じて「自由」になる

「法」とここで訳しているのは、Rechtというドイツ語ですが、この言葉は権利という意味も持っています。ですので、翻訳や研究書によっては「法権利」ないし「法（権利）」などと表記されていることもあります。また、Rechtは「正義」と訳されることもあり、社会における公正さ、正しさを意味するものと理解することもできます。

ところが、ヘーゲルが「法 Recht」と呼ぶものは、法と権利、そしてこれにさらに正義を足したものよりもさらに大きな概念であり、かつ特殊な概念です。この概念として大きいということと、特殊であるということは本来矛盾します。なぜなら大きな概念というのは、より一般的な概念を通常は意味するからです。

この「法」という概念は、単に法律や権利だけでなく、正義、さらには道徳や社会制度、歴史といったものを含んでいるという意味でより大きな概念です。しかし他方で、それはヘーゲルによる特殊な意義づけを与えられており、そのことによってこうした多様な内容を持つことが可能になっています。

ヘーゲルにとって最も重要な価値は自由です。そこで「法」は、「自由の実現」である、といわれます。つまり、精神的なものであれ制度的なものであれ、自由が人々によって共有されるために何らかの形で存在しているもの、そうした存在が「法」と呼ばれます。

したがって、通常の法律も私たちの自由を制限するものとは見なされません。むしろ、人々は「法」を通じて自由になる、ということになります。あるいは人々が内面化している道徳的意識や、国家といった外的社会制度も、その中で人々が自由になれるようなものである、あるいはそうでなければならないというのが、ヘーゲルが「法」という用語に込めている主張です。

このヘーゲル独自の「法」概念を理解するときに重要なのは、「意志」というもう一つの概念です。ヘーゲルは、「法」は「自由な意志の実現」であるともいいます。しかし、「法」が先に見たように多様な内容を含むものだとしても、それが「自由な意志の実現」であるというのはどういうことなのでしょうか。

たとえば、個人としての私は意志を持つことができます。その意志が他者の意志に阻害されることなく実現されうる状態は自由であるといえるでしょうが、これだけでは法律や社会制度は自由を制限するものとしか見なされないでしょう。

ヘーゲルが「自由な意志」と呼んでいるのは、そのような個人の意志ではなく、「集合的な」意志、つまり複数の個人によって形づくられている意志です。ヘーゲルは自由を「自己のもとにあることBei-sich-sein」だといいます。

つまり、多くの他者がそこにいるとしても、そこで自分が他者に巻き込まれる、他者に左右されるというのではなく、他者と一緒にいながらにして、自分であることが失われない、そうした状態の意志が「自由な意志」だということなのです。

「一般意志」と「啓蒙の弁証法」

そうした意志の概念は、じつはヘーゲルのオリジナルではありません。すでにヘーゲル以前に、ルソーは「一般意志」という概念を提起していました。これは、単に複数の個人の意志の総和を意味する「全体意志」とは異なり、すべての個人が集合的に一個の意志を形成することを意味しており、それがあるべき国家の基礎となるとルソーは考えました。

この一般意志の概念と彼の『社会契約論』が、フランス革命に大きな影響を与えたことはよく知られています。ところが、ヘーゲルは一方でこの集合的で一体であるような意志という考え方を継承しながらも、他方でそこに大きな問題点も見出していました。

それは、一般意志においてはそこに属する意志が一色に塗り固められてしまい、部分や個人の自立性が認められなくなってしまうという問題です。ヘーゲルは、フランス革命の混乱とロベスピエールによる恐怖政治は、そうした一般意志が実現されてしまった結果だと見ていました。一般意志の一体性は、いかなる異論をも認めない専制と恐怖政治に転落しうるのです。

『啓蒙の弁証法』は、二〇世紀ドイツのユダヤ人哲学者、ホルクハイマーとアドルノが第二次世界大戦中に執筆した著作のタイトルですが、ナチズムの被害者としてアメリカに亡命していた彼らはこの著作で、西洋文化の重要な価値だと考えられてきた理性・合理性自身の中にナチズムの原因を見出しました。彼らの有名なテーゼによれば、「啓蒙が野蛮を生み出した」、つまり人類の幸福を約束するはずだった啓蒙が、野蛮なナチズムを生み出したというのです。

ヘーゲルによるフランス革命の理解は、こうした『啓蒙の弁証法』の先取りだということができます。ヘーゲルは『精神現象学』の「精神」章で、フランス革命を啓蒙主義の帰結として位置づけながら、それが恐怖政治に反転していく過程を描いています。まさに、理性が暴力・野蛮へと反転するという「啓蒙の弁証法」をヘーゲルはフランス革命に見ていたといえます。

困難な課題をめぐって

したがって、ヘーゲルは大変困難な課題の前に立たされていたことになります。一方では、ヘーゲルの考える法、そしてその基礎にある意志は集合的であり、すべての個人が一体となったものでなければなりません。ところが、この意志は、部分や個人の自立性を否定するものであってもならないのです。これを否定するところに理性による専制が起こってしまったというのがヘーゲルのフランス革命に対する診断でした。

しかし、一体でありながら部分が自立性を持つというのはどういう事態なのでしょうか。ヘーゲルの「法哲学」の理解が難しいのは、ヘーゲルが取り組んでいる課題がこのように矛盾したものであるからだといえます。そしてその課題の解決にヘーゲルが成功しているのかどうかは、私たち読者が判断しなければならないでしょう。

その課題とはつまり、構成要素（個人）が自立しているにもかかわらず、全体（国家や社会）と一体であるようなあり方をいかにつくり出しうるのか、あるいは一体性の中にありながらも個人が自由であるようなあり方はいかにして実現可能なのかということです。これをヘーゲル的用語で表現するならば、「普遍と個別の一致はいかにして可能なのか」ということになります。

ヘーゲルの『法の哲学』、いや彼の哲学の全体はこの問題をめぐって展開されているといっても過言ではないでしょう。私たちが着目する「ポリツァイ」の概念もまた、この課題をめぐってヘーゲルが展開する概念です。そして、とくにこの概念を通じて私たちはヘーゲルの問題意識を現代的な問題として共有することができます。

「市民社会」とは何か

「ポリツァイ」という概念は『法の哲学』の第三部「人倫」の第二章「市民社会」において登場します。「人倫」は、ヘーゲルが独自の意味づけをしている概念で、この概念だけでもたくさん説明しなければならないことがあるのですが、まずは私たちがその中で生活している社会制度の総称だと理解しておきましょう。

ヘーゲルはこの「人倫」という概念のもとで、彼自身が目の前に見ていた近代社会を構成する諸制度を理念的な仕方で描いています。それは、「家族」、「市民社会」、「国家」の三つです。市民社会は、家族と国家の間に位置づけられています。要するに家族のように少数の人たちが感情と血縁によって一体になったものでもないし、[*14] 国家のように体制化された仕方で多くの人々が結びついているのでもないのが市民社会です。

市民社会の出発点は個人個人による利己的な活動です。個人は、自分自身の欲求を満たすために、自分の欲するものを手に入れようとしますが、自分だけで欲しいものをすべて生産できるわけではありません。そのため、個人は自分の欲求を満たすために自分が生産したものを他の人と交換しなければなりません。

そうした必要に応じた個々の交換の無数の結びつきによって、相互依存の巨大な体系が近代社会において発生しました。ヘーゲルが講義で述べた印象的な言葉を引用すれば、「誰も、他人に、パンを与えることなしには、ひとかけらのパンも口に入れることはできない」のです（一八二二・二三年講義II 三六九頁＝GW 16-2, 962）。

これは、私たちが今、経済とか、資本主義とか呼んだりしているものであり、利己的な経済活動を通じて人々が結びつき、誰も全体のことを考えているわけではないのに、全体として一定の秩序が成り立っているという、考えてみれば不思議な社会の姿です。

そこで成立している調和は、ヘーゲルよりも以前にアダム・スミスが『諸国民の富』で「見えざる手」の働きとして描きました。ヘーゲルはそうした社会秩序を「欲求の体系」と呼びます。つまり個人個人が自分の欲求を満たすために活動する、そうした活動の集積が一つのシステムをつくり上げている、それが欲求の体系であり、市民社会の基本的なあり方です。

「欲求の体系」という概念

ここで「欲求の体系」という言葉について、あり得る誤解を避けるために、説明を加えておきたいと思います。欲求の体系において、人々は利己的に自分の欲求を満たすために活動するといいましたが、このようにいうと「人々は贅沢や趣味のために何かを欲しがってすべての活動を行っている」という意味で受け取られるかもしれません。

これには日本語の「欲求」という言葉の語感が関わっているかもしれません。しかし、ドイツ語で欲求を意味するBedürfnisは、そうした意味に限定された言葉ではありません。この語はbedürfenという動詞から派生した名詞ですが、この動詞は何かを必要とする、その対象を欠かすことができないということを意味します。

私たちは飢《う》えているときに食べ物を欲求するわけですが、ここでの「欲求」にはそうした自分の生命維持のために、その必要のために何かを求めることが含まれています。

たしかに、ヘーゲルは「欲求の体系」について述べる中で、欲求は単に自然的なものではなく、市民社会において多様化していくものだといって、奢侈《しゃし》、つまり贅沢が発展していくことにも言及しています(第一九五節)。しかし、私たちの欲求が社会の中で変化するのだとしても、それは必ずしも私たちの生活・生存にとって余分なものだということではありません。私たちが生活に必要だと感じる、そうした意味での欲求の対象も、その社会によって大きく変わります。

たとえば、スマートフォンがない時代には私たちはスマートフォンなしでも生活していたはずですが、もはや私たちの生活はスマートフォンなしではすまないものになっています。私たちは、それなしには行政サービスへのアクセスが限られてしまったり、就職活動もできなかったり、あるいは受けられるはずの恩恵が受けられなかったりすることもあります[*15]。したがって欲求という概念は、自然的な、あるいは文化的な生活に必要なものから、嗜好品に至るまでを含む概念だということができます。

なかでも以下で重要になってくるのは、生活に必要なものに対する欲求です。

「人間」は普遍的なものではない

話を先に進める前にやや脱線することになりますが、ここで「市民社会」と「人間」という概念の関連についても少し触れておきたいと思います。

通常私たちは、人間という概念は私たち自身を指す最も一般的で、普遍的な概念だと理解しています。例えば、「私は教師である前に一人の人間である」というような言い方がされることがあります。それは教師であるということが生徒との関係において初めて成立することであり、教師として認められるための社会的制度（教員資格やそのための試験、学校制度そのものなど）を前提としているのに対し、人間であることはそうした社会のあり方や文化に先だっていると考えられているからです。

そうした、私たちの常識をひっくり返したのもフーコーでした。フーコーは『言葉と物』で、人間という概念が、古典主義と呼ばれる時代に生まれたものであり、そうして生み出されたものである限りにおいては、その終焉も訪れるということを主張しました。有名な「人間の終焉」というテーゼです。[*16]

興味深いのは、ヘーゲルもこの人間という概念を普遍的なものとは見ていないということです。ヘーゲルは、人間を市民社会に固有のものと見ています。

〔抽象〕法において対象は人格であり、道徳的観点においては主体であり、家族においては家族のメンバーであり、市民社会一般においては（ブルジョワとしての）市民である。ここ、欲求の立場においては〔略〕対象は表象の具体物であるが、この具体物は人間と呼ばれる。こうしてここで初めて、そして本来的にもここでのみ、この意味で人間について語られるのである。（第一九〇節註解）

「〔抽象〕法」は『法の哲学』の第一部に、「道徳的観点」は同じく第二部の「道徳性」に対応します。そして第三部「人倫」の第一章が「家族」であり、第二章が「市民社会」でした。その「市民社会」章が対象とするのは市民なのですが、その最初の段階、つまり欲求の体系において論じられているのが人間なのです。

人間は、動物と同じような本能的な欲求も有していますが、しかし人間は、そうした本能的欲求をさらに多様化したり、区別したり、抽象化したりできるという点で動物と異なっています(第一九〇節)。ヘーゲルにとって人間であるということは、そうした欲求のあり方を踏まえて初めていうことができることなのです。

さらに興味深いのは、ヘーゲルがこの直前、第一八九節註解で「国民経済学」に触れていることです。ヘーゲルは国民経済学の理論家として、スミス、セイ、リカードの名前を挙げていますが、彼らは人間を欲求を持つ主体として扱いました。まさに人間を、欲求を持つ主体としての人間にしたのはそうした国民経済学だと、ヘーゲルは見ていたのです。

このように知のあり方と人間という概念との連関を見ているという点にも、ヘーゲルとフーコーとの共通点を見ることができます。

語源から遠く離れて

さて、前置きが長くなってしまいましたが、ここでようやく「ポリツァイ」という概念に戻りましょう。ヘーゲルは、「市民社会」章の中でポリツァイを扱っています。序章でも触れたように、ポリツァイpolizei、英語でいうとポリスpoliceは、今日ではどちらもほぼ警察、つまり物理的な威力を持って国内の治安を維持する行政機関のことを指します。

ところが、「医療ポリツァイ」はいわゆる警察ではありませんでした。国家が医療化というものを進めていく、要するに医療を通じて国民の健康増進を図る上で導入した政策や行政機構が医療ポリツァイでした。

ヘーゲルはこの「ポリツァイ」を、先ほど見た「市民社会」章の第三節で「コルポラツィオン」（後述）という概念と並んで扱っています。ヘーゲルがそのポリツァイの課題として、どういうものを考えているのかざっと挙げてみましょう。

公共事業（街灯の設置、道路・橋の建設など）、商品の品質検査・健康への配慮、消費者の権利、公安、教育、禁治産（成年後見）、貧困対策、供給過剰対策（輸出）、過剰人口対策（植民）等々

これらは現在の政府において、外務、財務、国防（防衛）を除くほとんどすべての省庁に関わっているといっていいでしょう。

ポリツァイは、街灯や道路、橋の建設といったインフラの整備を行います。また、私たちが消費する商品が健康に害を及ぼさないよう、その品質の検査をするのもポリツァイの仕事です。これと関連して、ヘーゲルは消費者の権利にあたることも論じています。公安という意味でのポリツァイはようやく四つ目に出てきます。それから、教育もポリツァイの任務です。あるいは自分

で自分の財産をきちんと管理できない人について後見することもポリツァイの仕事になっています。

貧困対策もここに含まれ、あるいは供給過剰対策や輸出奨励といった経済政策も行います。過剰人口の対策として植民を進めるのもポリツァイです。こういう雑多な内容がポリツァイの課題として含まれているわけです。

こうした役目を持つポリツァイが、警察を大きく超えるものであることは明らかでしょう。このヘーゲルのポリツァイという概念は、様々な日本語に訳されてきました。それこそ初期の翻訳では「警察」と訳されていましたが、[*17] その後は「行政」[*18]、「福祉行政」[*19]、「社会政策」[*20]、「公共政策」[*21] などと訳されてきました。

あるいは単にカタカナで「ポリツァイ」としているものもあります。[*22]「内務行政」という訳もあり、[*23] これが一番ヘーゲルの語ろうとしているものに近いかもしれませんが、いずれにしてもこの言葉の意味内容をぴったりと示す日本語はなかなか見当たりません。逆にいうと現代の私たちは、当時ポリツァイという言葉で表していたものをカバーするような言葉を持ち合わせていないのです。

ポリツァイもポリスも、古代ギリシア語のポリテイアないしラテン語のポリティア politia が語源だといわれています。[*24] これをさらにたどると、古代ギリシア語のポリス polis、つまり都市国家に行き着きます。しかしまた、そうした語源からも遠く離れた意味でヘーゲルがこの概念を用いているということは、ここで挙げた内容からも明らかだろうと思います。

ポリツァイ学の登場

今見た内容から、勘の良い読者はすでにおわかりかと思いますが、このポリツァイという言葉の用法はヘーゲル独自のものではなく、むしろ当時一般的なものでした。これに関して、一七、一八世紀のドイツにポリツァイ学という学問がありました。ポリツァイの内容や課題を明らかにするために行われた学問です。

このポリツァイ学は、官房学Kameralwissenschaft/Kameralismusといわれる学問から発展しました。Kameral-はラテン語で部屋を意味するcameraに由来します。

カメラは、現代では写真を撮る装置を意味しますが、それはもともと暗い部屋camera obscuraと呼ばれていました。光を遮断した小さな箱の中に、はじめは小さな穴、のちにはレンズを通した光を映し出し、焼き付ける装置ということで、そう呼ばれていたのです。

カメラという言葉自体は、本来小さな部屋を意味するものでした。現在の日本でも内閣官房という言葉がまだ使われていますが、日本語の官房の房も部屋という意味です。それは君主の側近が、君主の側で住民統治のための執務を行っていた部屋のことを指しています。

このポリツァイ学について、一八世紀には非常に多くの著作が書かれました。それは、君主に統治の指南をするもの、いわば「君主のための住民統治マニュアル」みたいなものだといえるでしょう。

ここでもフーコーを参照してみましょう。なぜならフーコーは、まさにこのポリツァイ学が、近代的権力形態が成立するにあたって重要な役割を果たしたと考えているからです。序章でフーコーが、住民の全体を統計を用いて管理する権力形態が生じてきたことを見ていた、と述べました（二七頁）。フーコーによれば、そうした権力のあり方を準備していたのがポリツァイ学でした。

ポリツァイ学の扱う範囲と対象

ポリツァイ学の起源は、さらに君主の心構えなどを記した「君主の鏡」と呼ばれるジャンルのテキストにまでさかのぼることができます[*25]。一七、一八世紀に近代社会が成立しつつあった中で、住民をいかに統治するのかを事細かに論じたのがこのポリツァイ学でした。

いくつか、そのポリツァイ学に関わる著作を概観してみましょう。一つ目は、フーコーが挙げているドゥ・ラマール[*26]というポリツァイ学者の『ポリス論』（一七〇五）というタイトルの著作ですが、そこでは次のようなものが、ポリツァイの対象として挙げられています。

①宗教、②道徳性、③健康、④（生活物資の）供給、⑤道路、橋、堤防、公共建築物、⑥治安、⑦自由学芸（主に技術と科学）、⑧商業、⑨工場、⑩召使いと肉体労働者、⑪貧民（フーコー「全体的なものと個的なもの」三六一頁＝DE II, 975-976）

ヘーゲルと重なるものもあれば、ちょっとずれているものもありますが、とりあえず雑多なものが含まれていることがわかります。

次にフーコーは、ドイツのユスティ[*27]というポリツァイ学者についても触れています。この人はポリツァイ学を完成した人物として知られているのですが、その『ポリツァイ学の諸原理』（一七五九）という著作の目次を見てみましょう（六六―六七頁）。

ここでも、どれだけ雑多なものが含まれているか、おわかりになるでしょう。すでに第一部から土地を開発して、都市を建設して、移民を受け入れて、そうして人口を増やしていくことが問題となっているとわかります。

次に生業です。農業、林業、鉱業、マニュファクチュア、工場、手工業、商業といった産業を取り上げ、そこから貨幣、信用について論じています。さらに宗教や習俗も扱い、青少年の教育や学問あるいは物乞い対策といったものも含まれています。そうしてようやく、第三部第三編から「内的安全について」というところで、治安、いわゆる警察および司法に関わることが登場します。

さらにもう一つ、フーコーは取り上げていないレシッヒ[*28]という人が一七八六年に書いた、『ポリツァイ学教呈』（一七八六）の目次を見てみましょう（六八–六九頁）。これもまた人口の問題から始まります。

第二編　市民的状態における臣民を有用なものとするための政府の配慮について

XVIII. 学問と青少年の教育への配慮

XIX. 財の過剰、無駄使い、その他の財の誤用について

XX. 物乞いの労働忌避その他の無秩序の防止について

第三編　内的安全（治安）について

XXI. 司法の取り扱いについて

XXII. 特にポリツァイ法廷に属する司法の取り扱いについて

XXIII. 平穏の維持と、自衛行為、集合行為、国内騒擾の防止について

XXIV. 強盗、窃盗、不良行為に対処するための制度について

第四部　ポリツァイ諸原理の実践について

第一編　ポリツァイ法一般について

XXV. ポリツァイ関連事項における立法権力について

XXVI. ポリツァイにおける立法知について

XXVII. ポリツァイ法の様々な性質およびその改善と変化について

第二編　ポリツァイ法の遵守のための措置について

XXVIII. ポリツァイ法の公開について

XXIX. ポリツァイ法の遵守のために必要な監督について

XXX. ポリツァイ違反者の処罰について

XXXI. ポリツァイ法遵守のための報償と好事例について

第三編　ポリツァイ組織の運営について

XXXII. ポリツァイ組織の運営に必要な上級委員会と下級委員会について

XXXIII. ポリツァイ官僚について

XXXIV. ポリツァイ案件に共同で関わらなければならない個々の官房官僚、経済官僚および司法官僚について

ユスティ『ポリツァイ学の諸原理』(Justi 1756)

序論　ポリツァイの一般的諸原理と講義の構成について

第一部　土地の開発について
第一編　土地の外的な開発について
I. 住人の居住と栄養供給のための土地表面の宅地化と耕地化
II. 都市の建設と成長
III. 田舎と都市の快適さと装飾について
第二編　土地の内的開発について、あるいは人口増加について
IV. 移民の受け入れ
V. 既存居住者による人口増加
VI. 臣民の〔人口〕減少を防止するための政府の備えについて

第二部　生計の繁栄を促進するための措置について
第一編　土地生産物の獲得
VII. 農業について
VIII. 林業、鉱業、その他の土地経営について
IX. マニュファクチュアと工場について
X. 手工業について
第二編　生計の向上を促進するその他の手段について
XI. 商業について
XII. 貨幣の流通
XIII. 信用について
XIV. 生計の促進のためのその他の補助手段について、特に生活手段の安価さの維持について
XV. 生計の繁栄を妨げるものに対抗する制度について

第三部　臣民の習俗状況、および良き規律と秩序の維持について
第一編　臣民の道徳的状況について
XVI. 宗教と教会組織の監督について
XVII. 習俗の監視について

第二編　土地に関わる産業
　第三章　農業ポリツァイについて
　第四章　牧草業ポリツァイについて
　第五章　畜産ポリツァイについて
　第六章　園芸業、ホップ・ブドウ生産業のポリツァイについて
　第五章　林業ポリツァイ
　第六章　狩猟ポリツァイ
　第七章　漁業ポリツァイ
　第八章　鉱業ポリツァイ
第三編　都市産業
　第一章　都市産業ポリツァイについて
　第二章　生業、手工業、マニュファクチュア、工場などのポリツァイ、さらにその個々の主要種別について
　　1．生業ポリツァイ
　　2．手工業ポリツァイ
　　3．マニュファクチュアと工場のポリツァイ
　　羊毛マニュファクチュア、リンネル・マニュファクチュア、木綿マニュファクチュア、絹マニュファクチュア、皮革マニュファクチュア、製紙マニュファクチュア、陶磁器製造、石灰焼成業、塩業、ガラス工場、煉瓦焼成業、溶鉱所・金属業
　第三章　商業ポリツァイ

第五部　領邦の安寧とその喪失について、さらに物乞いを防止する制度について
　第一章　領邦の安寧と景観
　第二章　貧困と物乞いを防止する制度について

第六部　領邦のポリツァイ法、ポリツァイ制度、ポリツァイ委員会について
　第一章　ポリツァイ法
　第二章　ポリツァイ制度について
　第三章　ポリツァイ委員会について

レシッヒ『ポリツァイ学教呈』（Rössig 1786）

序論（略）

第一部　国家の住民（人口）と人口の多さについて
　第一章　国家の住民（人口）一般について
　第二章　人口の計算について
　第三章　人口増加について
　第四章　国民、とくにその居住地の健康状態についてのポリツァイの配慮について
　第五章　国民の身体の健康への配慮。誕生から、その養育と身体的教育、そして医療制度。
　第六章　生活必需品と必要（欲求）、その安全性と価格への配慮
　第七章　清潔さ、景観および快適さへのポリツァイの配慮

第二部　習俗（道徳）ポリツァイ
　第一章　国民の教養形成一般と国民性について
　第二章　教育について
　第三章　教会と宗教に関連するポリツァイについて
　第四章　道徳ポリツァイと国民の習俗一般の教導
　第五章　国民の満足に対するポリツァイの配慮

第三部　安全ポリツァイ
　第一章　治安維持制度（安全が人間によって妨げられる限りにおいて）
　第二章　火災ポリツァイ（消防）について
　第三章　水害ポリツァイについて
　第四章　他の自然災害に関するポリツァイの配慮

第四部　生業ポリツァイ
第一編　産業についての一般的考察
　第一章　産業ポリツァイと産業一般について
　第二章　土地に関わる産業のポリツァイについて

序章で、フーコーの生政治、生権力は人口を対象にするということを確認しましたが、レシッヒのこの著作はまさにその人口の話から始まっています。ドイツ語のベフェルケルンクBevölkerungという言葉は、「住民」とも「人口」とも訳すことのできる言葉ですが、実際、第一部第二章では人口の計算がテーマになっており、人口をいかに増やすのかを論じているのがわかります。とにかく人口が国力の基準だったのです。

さらに、人口を増やすためには、新生児や流入する人口を増やすことも必要になりますが、それだけでなく何よりも国民に長生きしてもらわないといけません。そこで医療制度が扱われています。そして、生きていくための生活必需品やその価格についてコントロールすることも求められます。

とくに、市民の様々な生業を事細かに分類して、このポリツァイ学の中で扱っているのが特徴的です。レシッヒが第四部で当時の産業を非常に細かく扱っていることがわかるかと思います。土地に関わる産業として、農業、牧草業、畜産、園芸業といったものや、わざわざホップとブドウの生産まで取り上げられています。

さらに林業、狩猟、漁業、鉱業も扱われています。これらはいわゆる第一次産業ということになりますが、それに対する都市産業として、手工業、マニュファクチュア、工場が登場し、そのマニュファクチュアや工場にもいろいろな業種が挙げられています。これに商業が付け加わります。土地に結びついた農村における産業と都市における商工業との分離は、ヘーゲルの「身分」に関する議論につながりますが、これについてはのちに述べたいと思います。

いずれにしても、これらの例から住民の生活に関わる、どれほど詳細な内容をこのポリツァイ学というものが扱っていたかが見て取れるでしょう。

様々なリスクへの公共的対処として

これらのポリツァイ学の内容からどのようなことがわかるでしょうか。一つはフーコーが指摘した人口管理の重要性です。フーコーが、物の統治の重要性を述べていたように、住民に生活必需物資を供給し、それが安価であることも保障する、そうした課題をポリツァイは負っているわけです。

だからこそ住民の安全への配慮が求められるのですが、私たちの生活を脅かすリスクには、自然災害もあれば経済的なものもある。したがって、序章で見た医療や、伝染病の問題はこうしたリスクの一つとして位置づけられますし、貧困もその一つですから、当然ポリツァイの課題になります。

ポリツァイはこのようにあらゆるリスクに対して配慮しなければならず、その中には人間がもたらすリスクもある。それに対応するのが、治安維持という、今でいう警察組織が担当する業務だということになります。そう理解するならば、治安という今日のPolizei/police＝警察の職務のポリツァイ学における位置づけも理解することができるでしょう。

さらに人々の心の問題もそうしたポリツァイによる安全への配慮の対象であることになります。つまり、教育や宗教、道徳や習俗もポリツァイの扱う対象でした。[*29] とにかく、その国の住民の様々なリスクに対して公共的に対処することが、ポリツァイ学の中で考えられていたといえます。

ちなみに、レシッヒは伝染病への対応についても比較的詳細に扱っています。彼が、人口の問題から『ポリツァイ学教呈』を始めていることを見ましたが、その第一部第五章で扱うのが医療制度です。つまり、医療は人口としての住民への配慮の一環としてあるわけです。

医療の近代化・公衆衛生の発展への貢献

レシッヒは、「国民の身体の健康への配慮」という箇所で、伝染病を引き起こしたり、容易に広げたりするものを防がなければならない（第一〇節）、さらに迅速に原因を突き止めて公表しなければならない、感染地は封鎖しなければならないといったことを述べています（第一一節）。

興味深いのは、蠟《ろう》引きといって、蠟で表面をコーティングした布を用いた白衣を調達しなければならない、という具体的なこともいわれていることです。これは、白衣の表面を洗いやすくすることで感染を防ぐための措置だったのでしょう。さらに、家屋の空気を清浄にしなければならない、こうしたことも事細かに書かれています。

レシッヒの『ポリツァイ学教呈』が直接にプロイセンの医療ポリツァイに影響を与えたのかは不明ですが、まさにそうしたことがポリツァイの任務であるとされていることから、ヘーゲルの死に当たって、同様の措置が執られていたと見ていいでしょう。

第一四節では、感染対策においてとくに貧者に配慮しなければならないとされており、第一一節でも「貧しい人には薬は無償で配布しなければならない」などとあり、伝染病では貧しい人々に被害が起こりやすいことが認識されていたようです。

さらに序章で触れた、死亡表の作成にやはり触れられています（第一六節）。そして埋葬する前にちゃんと死者を調査し、死因を確認しなければならないともいわれており（第一八節）、伝染病に際して統計的なデータをとることを義務づけようとしていたことがわかります。

第一九節では、これも本章で触れた予防接種について述べられており、ポリツァイによる予防接種については、無制限に認められるものではないとされています。当時、予防接種を政府が強制することができるか否かが議論されていたことが背景にあるのは間違いありません。

以上は、ポリツァイ一般についてのポリツァイ学の著作ですが、医療ポリツァイに特化した体系化の試みもありました。フランク[*30]という医師が執筆した『完全医療ポリツァイの体系』という著作です。この著作は近代公衆衛生の先駆けとして知られ、かつその後、決して乗り越えられなかったような包括的な仕方で医療ポリツァイについて論じています。

全六巻（しかも第六巻は三分冊）、総ページ数五〇〇〇という大変浩瀚《こうかん》な著作で、著者は執筆に四〇年を費やしています。あまりにも膨大なので目次をあげることもできませんが、ポリツァイ学における個別領域としての医療ポリツァイについても体系的な取り組みがなされていたことがわかります。フランクは、実際にドイツやオーストリアの医療の近代化や公衆衛生の発展に貢献しました。

同じコインの表と裏

これまで見てきたように、ポリツァイとは住民の安全のために国家が行う、様々な措置や制度だということができますが、あまりに雑多な内容を含んでいるので、一様に定義するのはなかなか困難です。そこで、ポリツァイを扱った理論家たちがこれをどう定義しているのかを見てみましょう。

先に、フーコーがポリツァイの統治の対象となるのは物であると述べていたことに触れましたが、フーコーは別の箇所で次の五つを主なポリツァイの対象として挙げています。それは、①住民の数・人口、②生活必需品、③健康、④貧民、⑤流通です。フーコーはこれらについて次のようにまとめています。

ポリス〔ポリツァイ〕が統治すべきこととなるもの、その根本的対象を形作ることになるものは、いわば、人間たちの互いに対する共存の形式全体なのです。(フーコー『安全・領土・人口』四〇三頁=333)

今度は物ではなく人間たちの互いに対する共存の形式といっていますが、決して矛盾したことをいっているわけではありません。なぜなら物が問題になっていたのも、人間の共存のために必要なものだったからです。私たちが市民として他の人々とともに生きていくために関わってくるようなものすべてが、ポリス=ポリツァイの対象となっているといえます。

その上で、フーコーも言及しているユスティによるポリツァイの定義を見てみましょう。彼は広義・狭義、二つの定義をポリツァイに与えています。

まず広義でのポリツァイとは、

国家の一般的能力がますます持続的に基礎付けられるとともに増強され、国家の力がよりよく用いられ、一般に共同体の幸福が促進されうるための、国内的事柄におけるすべての措置（Justi 1759, §2）

であるといわれます。つまり、国家を成り立たせている共同体全体の幸福のために、国家を力強くするもの、そのためになされる国内における措置のすべてがポリツァイなのです。

では、共同体の幸福はどのようにして実現されるのでしょうか。それが狭義のポリツァイの定義において明らかにされています。

市民生活の良い組織のために必要とされるすべてのこと、したがってとりわけ臣民の間での良い規律と秩序の維持、および生活の快適さと栄養状況の改善を促進する措置。（Justi 1759, §3）

国民が幸せであるためには、生活が規律化されて秩序だっており、さらに栄養も確保されて、快適に生活できるようになっていなければならないというわけです。そうした国民の幸福を保障するための国家による様々な措置ないしそのための制度がポリツァイなのです。

フーコーは、このユスティの議論を踏まえて、ポリツァイを「良い国家秩序を維持しつつ国力を増強しうる諸手段の総体」（フーコー『安全・領土・人口』三八九頁＝321）と定義しています。さらにホーエンタールというポリツァイ学者の言葉を引く形で、「ポリス（ポリツァイ）とは「国家の壮麗さと個々人（個々の市民）の外的な至福」を保障する諸手段のなす総体」（フーコー『安全・領土・人口』四〇五頁＝335）であるともいいます。

国家の素晴らしさと国民の生活は密接に結びついている、いや結びついているというよりも同じコインの両面であって、国家を壮麗にするためにはそこに住む人々を幸福にしなければならない、そのための手段のすべてがポリツァイなのです。

幸福に配慮した権力の形

こうしたポリツァイの理解は、学者だけが主張していたわけではありませんでした。次の引用はプロイセンの国王フリードリッヒ・ヴィルヘルム三世（在位一七九七年〜一八四〇年）が一八〇八年に発した布告ですが、ここにもポリツァイが住民の幸福を目的とするということが明確にいわれています。

地方ポリツァイ庁としての諸政府は、我々の忠実な臣民の公共の福祉のために、消極的観点においても積極的観点においても扶助を行う。したがってこれらの政府は、国家とその市民に危険や不利益をもたらすすべてのものを予防しかつ遠ざけ、それゆえに公共の平穏、安全および秩序の維持のため必要な措置を行う権利を持つとともに義務づけられているというだけでなく、公共の幸福が促進され高められるように、そしてそれぞれの国民が、自分の精神的並びに身体的能力と力を育んだり、それらの能力や力を法律の範囲内で自らの役に立てる仕方で用いたりする機会を持つように配慮することについても、権利を持つとともに義務づけられている。（一八〇八年一二月二六日「地方ポリツァイ庁および財務庁組織の改善についての布告」）[*31]

これは、地方の行政組織の組織改革を命じたものですが、ポリツァイとしての地方政府は、臣民の安全に配慮し、また臣民が能力を身に付ける機会を提供するよう義務づけられていると述べています。

ポリツァイないしポリスというと私たちは今、警察を思い浮かべますが、警察のように物理的な暴力を用いるのでなく、むしろ私たちの生活とその幸福に配慮するような権力形態がポリツァイなのであり、そこにヘーゲルもフーコーも着目しました。

フーコーが歴史家として描いた（哲学者フーコーは、自分のことを歴史家だということもあります）、まさにこの意味でのポリツァイが、ヘーゲルのポリツァイ概念の背景にあったというわけです。

フーコーが「統治性」と呼んだもの

さらに、もう少しフーコーに踏み込んで、彼が自分の権力論の中でポリツァイをどう位置づけたのかを見てみたいと思います。フーコーがポリツァイに言及しているのは、彼が「統治性」と呼ぶ権力概念を検討する中でのことです。一九七七・七八年のコレージュ・ド・フランスでの講義で、フーコーは権力概念を三つに区分しています（フーコー『安全・領土・人口』八頁以下＝⑦）。

一つ目は「主権権力」です。これは通常私たちが権力という言葉で思い浮かべるような権力だといえます。フーコーはこれを中世から一八世紀までに主に見られた権力だといいます。それは、抑圧的・物理的・否定的に働く権力で、法という手段と結びついていました。たとえば警察とか軍隊が表しているような権力だといっていいでしょう。

二つ目の「規律権力」は、フーコーの議論として有名なのでご存じの方も多いでしょう。一八世紀以降に、主権権力のように物理的に暴力として働くような権力ではなく、より巧妙な監視によって働く権力が生じたということを、フーコーは『監獄の誕生』という著作で論じます。

典型的には学校や監獄に見られる権力で、物理的に暴力をふるわなくても、監視することによって、その監視されている人は規律化され、「正しい主体」として形成されていくとされます。この概念は、「パノプティコン（一望監視装置）」という建築構造とともに有名になりました。[*32]

それともう一つ、ある時期からフーコーは「統治性」という概念を用い始めます。これはフーコーによれば一九世紀以降主流になっていった権力で、私たちの生をコントロールして、生きさせようとする権力であり、行政的な権力であるとされています。

生権力として指摘したものとだいぶ重なるのですが、フーコーはこの時期、次々に新しい発想を提示しているところなので、フーコーの中でこの二つの概念がきちんと整理されていたのかは怪しいところがあります。

ただし、とりあえず生権力と呼ばれていたものはとくに医療と結びついていたと理解するならば、生権力はこの統治性という概念の一つの側面、一つの表れというふうにいっていいでしょう。[*33]

こうしてフーコーは、私たちがこれまで見てきたポリツァイ、ないしはポリツァイ学というものを彼の統治性研究の中に位置づけていきます。

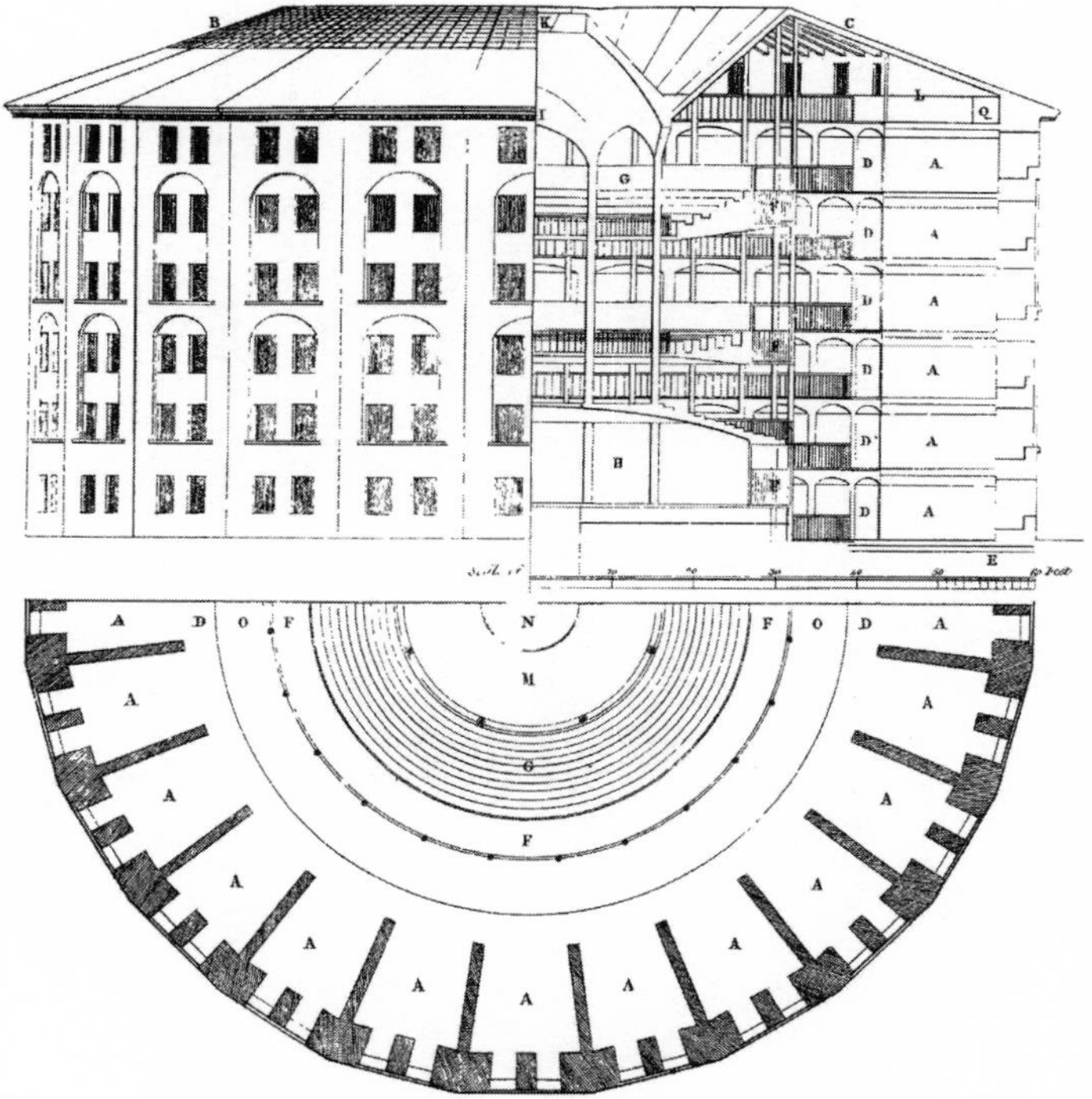

ジェレミー・ベンサムによるパノプティコンの計画

群れの中の羊のように

この統治性がどういう種類の、どういう特色を持った権力なのか、イメージをつかむのに有用なものとして「司牧権力」というフーコーの概念があります。

先ほど統治性は一九世紀以降に主流になるといいましたが、フーコーによればそれ以前になかったわけではなく、その原型を原始キリスト教の司牧権力というものに見出せるといいます[*34]。

司牧権力とは何かというと、羊の群れを管理している牧者をモデルとするような権力です。牧者とは群れの面倒を見ている羊飼いです。キリスト教はまさに、神と人間の関係をそのように捉えているわけですが、群れの全体、要するに国民なら国民の、住民なら住民の全体を導きながら、しかも個々の羊の安全に配慮することを羊飼いである君主は行うとされます。ポリツァイという概念が示しているのは、そうした羊飼いモデルの権力だということができます。

司牧権力と関連して、もう一つフーコーの概念として紹介しておきたいのが、「操行」という概念です。これは、「行為」や「行動」などと訳すこともできるフランス語のconduiteという言葉の翻訳ですが、フーコーはこれを独特の意味で用いています。このconduiteは導くconduireという動詞から派生した名詞で、導くことであると同時に、導かれること、あるいはその導かれ方でもあるとフーコーはいいます。

要するに、私たちはポリツァイのような統治性の権力によって、ある意味、群れの中の羊のように導かれます。そして、導かれるという形で、私たちが自発的だと考えているような行動様式ができあがっていることをこの語は指しています。[*35]

だから統治性というのは、何かを暴力的に強制しはしないけれども、ソフトに、緩やかに私たちを強制していきます。私たちの行動を方向づけ、導いていくような権力のあり方なのです。

では、私たちはこのような権力とどう付き合えばいいのでしょうか。コロナ禍を経験した私たちの多くは、安全・安心に生活していく上で統治性としての権力を完全に拒否することはできないと考えるでしょう（しかし、あとで見るように、感染症対策としての行動制限を拒否すべきだと考えるフーコー主義者もいました）。

かといって、国家が私たちの生活の隅々まで管理するようになるのも望ましくありません。第二章では、ヘーゲルがこうした新しい形の権力について、どのような問題を指摘し、それをいかに乗り越えようとしたかを見ていきます。

第二章

市民社会の限界とは

「欲求の体系」には欠陥がある

前章ではヘーゲルが用いているポリツァイという概念の背景をたどりながら、一八世紀のポリツァイ学、そしてそのポリツァイ学について論じているフーコーの「統治性」という概念を紹介しました。

私が本書で述べたいのは、私たちがここまで見てきたポリツァイ学を背景とするドイツ国法論の理論的文脈と、そこに大きな権力概念の転換を見出したフーコーの議論の両方をヘーゲルの『法の哲学』に接続することで、ヘーゲル「法哲学」の国家をめぐる議論を、現代の私たちを取り巻く権力のあり方を論じたものとして理解することができるのではないか、それによってその積極的な意義を取り出すことができるのではないかということです。

先にヘーゲルが、『法の哲学』の第三部「人倫」の第二章「市民社会」の中でポリツァイという概念を扱っていることを見ました。そこで、この位置づけについてもう一度確認しておきたいと思います。

ポリツァイは今まで見てきたように、国家のある種の政策だったり措置だったり、あるいはそのための組織だったりするわけです。だから国家はもちろん存在しているのですが、第一章で確認したように『法の哲学』では、この「市民社会」章は、「国家」章よりも前に位置づけられています（四七〜四八頁）。つまり、ポリツァイについての議論が国家を前提としたものであるとしても、それはヘーゲルが本来の国家であると考えていた国家ではないということです。

この「市民社会」章のあと、まさに「国家」章でヘーゲル的国家が扱われることになります。これに対して、「市民社会」章の中に出てくる国家をヘーゲルは「悟性国家」、ないし「必要国家・緊急国家」、あるいは「外的国家」と呼んでいます。それはつまり、ヘーゲルが考える本来の理性的で自由な国家ではないということを意味します。まずこの点を確認しておこうと思います。

それでは、ヘーゲルはなぜ「市民社会」章で、こうしたヘーゲル的国家以前の国家を扱っているのでしょうか。第一章で、市民社会とは、個人個人がばらばらになっており、利己的に経済活動を行う領域であることを確認しました。そして、アダム・スミスの「見えざる手」の議論を実際に援用することで、この利己的な個人が自分の利害を実現するために、他者と結びつき、結果として全体の利益が実現されるという「欲求の体系」が基本的な市民社会のあり方であることを示しました。

その限りでは、これまで見てきた国民の幸福に配慮するポリツァイ、ないし悟性国家の出る幕はないように思われます。しかし、ヘーゲルはこの欲求の体系にも欠陥があるといいます。そしてその欠陥を補完するものとして、三つのもの、三つの制度を「市民社会」章で描いています。その一つがポリツァイなのです。

以下では順に、欲求の体系としての市民社会の問題をヘーゲルがどこに見出し、それを補完する三つの制度として何を考えていたのかを見て行きたいと思います。

普遍と個別の一致

ヘーゲルが、これから論じる三つのものが必要となると考えていた理由は簡単です。「欲求の体系」、つまり自由な経済活動による人々の結びつきだけでは人々の幸福は保証されないからです。

これをヘーゲル的な言葉遣いで述べるならば、「普遍と個別の一致の必然性を保証するには十分ではない」と表現することができます。

つまり、全員の幸福という普遍性と、個々人が自分の欲求を満たしたいという個別性とが、欲求の体系において偶然的に一致することはあるかもしれないけれども、必ず一致するわけではないということです。「普遍性と個別性の一致の必然性」、これが「市民社会」章が、ひいてはヘーゲルの『法の哲学』が解決しなければならない課題を抽象的に表現したものです。

具体的にはどういうことでしょうか。右で、市民社会においてはアダム・スミスが「見えざる手」の働きとして表現したように、おのずと全体の福祉（普遍）と個々人の利得（個別）は一致するものと想定されていました。[*36] その限りで市民社会においても普遍と個別の一致は成立しています。

ところがここに問題があります。それは、この一致が偶然的なものであり、保証されていないこと、そのためある個人の利益が他の個人や全体の利益をもたらすどころか、不幸な人々を生み出しかねないという問題です。

その典型が、格差ないしは貧困という問題です。市民社会においては誰もが貧困に陥る可能性があるとヘーゲルはいいます。

しかし、こうした恣意〔つまり本人の浪費〕だけでなく、偶然的状況や、身体的状況、そして外的関係性の中にある状況が、諸個人を貧困に陥れることもありうる。貧困とはそれによ

> って、諸個人は市民社会に属する諸欲求を抱くようになるが、市民社会が同時に彼らから自然的な生業手段を奪い去ってしまい、一族という家族の広範な結びつきを廃してしまっているので、諸個人は、この〔市民〕社会の一切の利点、つまり技能や訓練一般によって生計を維持する能力、司法や〔ポリツァイによる〕健康へのケア〔による便益〕、そしてまたしばしば宗教による慰めといったものさえも多かれ少なかれ失ってしまうことになる、そうした状態である。（第二四一節）

つまり、市民社会において個人は、状況次第で、あるいは身体的な問題によって、さらには自分にはどうにもならないような「外的関係性」（自然災害や景気変動、そして感染症の流行などを考えるといいでしょう）によって、貧困に陥る可能性があるのだというわけです。

ところが、市民社会では一人ひとりが自立して経済活動を行うことが前提となっており、そこでは地縁血縁といった結びつきは解体されています。したがって、原理的には家族というセーフティーネットが存在していないことになっています。

ヘーゲルは、これに先立つ第二〇〇節で、すでに次のように述べています。

> ところが普遍的資産の分け前に与る可能性、すなわち特殊的資産は、一方ではその人の持ち

前の直接的な基礎財産（資本）によって制約されており、また他方では彼の技能によって制約されている。そしてこの技能はそれ自身でもまた、資本と、さらにはもろもろの偶然的事情によって制約されている。この偶然的事情が多種多様であるために、もともとそれ自身ですでに不平等であった生来の身体的精神的な素質が、その発達の程度においても異なることになる。――この違いが、この特殊性の領域においては、あらゆる方面に向かってかつあらゆる段階から現れ出てくるのであり、その他の偶然や恣意と相まって、諸個人の資産と技能との不平等を必然的結果として生み出すのである。（第二〇〇節）

ここで「普遍的資産」というやっかいな概念が出てきますが、さしあたりこれは「その社会の中に存在している富の総体」だと考えてください。[*37] 人々は、もはや自分一人で、あるいは狭い共同体の中だけで、自分の生活を成り立たせることはできないので、自ら働き、物を生産し、それを交換することで、この普遍的資産のうちの一部を分け持つことができ、そうして自分の生活を成り立たせ、欲求を満たしています。

このそれぞれの人に分け持たれた普遍的資産の部分を「特殊的資産」と呼びます。そうした特殊的資産はあらかじめ（これまでの労働や、親からの相続などによって）持っているか、あるいはその人の労働に応じて手に入れられるかするものです。

ところが、前者については恵まれていない家に育つことがもちろんあり得ます。後者についてもその人が働いて賃金を得るための能力を持っていなければなりません。そして、そうした能力を獲得できるかは、そもそも身体に障がいがないとか、あるいはそうした能力を育成できるだけの訓練や教育を受けられる環境にあるかどうかに依存しますし、さらに能力があっても仕事があるかどうかは景気などといった偶然的なものにも左右されます。

自由放任政策の問題点

ヘーゲルはここで、とくに市民社会において求められるような素質をその人が発達させることができるかどうかという、能力育成の問題に着目しています。[*38] それは、技術的・身体的な能力だけではなく、「精神的」、つまりメンタル的な能力も含みます。

たとえば人は、一定時間自分の仕事に集中することのできる能力をあらかじめ持っているわけではありません。そうした能力が身に付かない環境に育ったとしたら、あるいは国がそうした機会を提供していないとしたら、その人が市民社会で働いてお金を得ることは困難になるでしょう。[*39]

ヘーゲルはある年の講義で、当時フランスやイギリスで発展し、ドイツにも影響を与えつつあった自由主義的な経済政策について、次のように嘆いています。

人間にとって大切なことは、やりたいことをやることではなく、生計を確保することです。私たちの時代（近代）の原理は、自由放任laissez aller《レッセ・アレ》, laissez faire《レッセ・フェール》です。その考えは無論間違ってはいません。ある産業部門が栄えれば、多くの人がそれに飛びつき、売れ行きがよくなれば、多くの生産者がそちらに流れ込みます。その結果、同部門の生産人口が増えすぎると、目算通りにいかない人がたくさん出てくるのですが、他方で、一切がおのずからふたたび調整されることになります。しかし問題なのは、どのようにしてそうした調整が生じ、どのような経過をたどるのかなのです。（一八二四・二五年講義、四九三頁＝GW 26-3, 1401）

ヘーゲルはここで、市場における需要と供給のバランスによる調整機能について語っています。「自由放任《レッセ・フェール》」は、アダム・スミスにも影響を与えたフランスの重農主義の標語です。ヘーゲルはその理論が間違いだといっているわけではありません。自由主義者たちが想定するように、結果的には市場において需要と供給は均衡点に達するだろうといいます。しかしヘーゲルにとって、そこで問題なのは調整のプロセス、そしてその中で人々に何が生じるかなのです。

新しい生業に手を出すのは容易ではありません。そのための原資と技術が必要ですし、〔必要な〕技術は容易に入れ替わります。新しい生業に就くのは困難ですし人間は一定の年齢を超えると、もはや別の仕事に手を出すことができなくなります。状況は改善するだろう、好機がやってくるだろうという希望や思いがあっても、年配者は踏み出すことができません。こうして、何百何千というひとびとが、市場の調整の経過の中で没落していくのです。（同四九三頁＝GW 26-3, 1401）

そしてヘーゲルは次のように、市場の調整プロセスの中で人々の生活が破壊されることをペストと比較しており、そこでポリツァイに言及しています。

ペストでさえ、収まったり、流行したりをくりかえしますが、しかしそのペストで何十万という人々が死んだのです。みんなが死んでもすべては復興されることでしょう。以前はポリツァイや政府がしきりに命令してばかりだったのに、今では何にも煩わされない安逸が支配的になっています。（同四九三〜四九四頁＝GW 26-3, 1401）

感染症もいつかは収まることでしょう。だからといって私たちは感染症への対策を取らなくていいとは決して考えません。なぜならその過程で、多くの人々が苦しんだり亡くなったりしてしまうからです。

景気についても同じことがいえます。たしかに、市場に任せていてもいつかは均衡が見出され、安定がもたらされるかも知れません。しかし、その間に人々が「没落」してしまうのだとしたら、私たちは市場を自由に任せていてはいけないのです。

ここでヘーゲルが、全体の表面的な調和よりも、虐《しいた》げられる個人の生存に目を向けているのは明らかでしょう。ヘーゲルを全体主義者とみる人々は、ヘーゲルがこのように個人の生活に目を向けていることを無視し、ヘーゲルの考える普遍と個別の一致という理念を誤解しているのです。

ヘーゲルは自由放任政策のもとで、ポリツァイが「命令」しなくなったことを嘆いています。日本では新自由主義政策によって貧富の格差が広がりを見せはじめていた一九九〇年代から二〇〇〇年代に、規制緩和によって経済が成長すれば、いずれより貧しい人にもその恩恵が及ぶことになるのだという、いわゆる「トリクルダウン理論」が、まことしやかに主張されていました。

それから二〇年以上を経て、今ではそうした理論を表立って主張する人さえいなくなりましたが、たとえいつかは経済全体が好転するという主張が（今となっては怪しいですが）正しいとしても、そこに数年のタイムスパンがあるならば、その影響を被る人たちにとっては致命的なものとなりかねません。

いずれ滴《しずく》がしたたってくるのだとしても、そのときすでに死んでいれば、私たちはその滴でのどを潤すことはできないのです。

自由放任が階級の分化を生む

ヘーゲルはこうして経済的不平等、つまり格差が生まれることを市民社会の問題としています。そこに生じるのが階級の分化です。

市民社会が妨げられることなく活動する状態にあるときは、市民社会はそれ自身の内部で人口もますます増大し産業もますます進歩していく状態にある。——人間の諸々の欲求を通じて人間の結びつきが普遍的なものとなり、またこれらの欲求を満たす手段を調え、調達する方法が普遍的なものとなることによって、富の蓄積が増大する。というのはこの〔人間の結びつきの普遍化と欲求充足の手段の普遍化という〕二重の普遍性から非常に大きな利得が得られるからである。——しかしこれは一面であり、他面では、特殊的労働が個別的なものとなり、制約されたものとなるということも増え、それに伴ってこの労働に縛り付けられた階級の隷属と窮乏も増大する。こうしたことにはさらに、市民社会に属する他の諸自由、特にそ

の精神的な便益を感受し享受する能力を失ってしまうということが結びついている。（第二四三節）

ヘーゲルは、市民社会を自由に任せていたら富の蓄積は増えるかもしれないが、逆に隷属と窮乏に陥る人々も生じることを指摘し、そうした人々を「労働に縛り付けられた階級」だといいます。

このようにヘーゲルは、市民社会において階級の分化が生じることを指摘します。ところが、ヘーゲルが指摘するのは、資本家階級（ブルジョアジー）と労働者階級（プロレタリアート）の分化にとどまりません。彼はさらに労働からあぶれてしまう人々が生じることを指摘します。それが「ペーベル」です。

「ペーベル」とは何か

さてポリツァイに続いて、再び聞き慣れないカタカナ語が登場してきました。この「ペーベル Pöbel」という概念もあえてカタカナで表記しましたが、これまでの『法の哲学』の翻訳では「賎民」あるいは「浮浪者」と訳されています。この語は当時のフランス語のpobleがドイツ語化したものですが、もともとはラテン語のpopulusに由来し、これは英語ならpeopleにあたります。つまり本来は、一般の「人々」を広く指す言葉でした。

ペーベルという言葉もまた、ヘーゲル独自の用語ではなく当時一般的な言葉でした。歴史家のコンツェによれば、一八世紀後半の人口増加に伴い、多くの人々が従来の身分制の中で、身分に割り当てられた職業からあぶれ、「労働という名誉の外に」[*40]置かれてしまい、そうした人々がペーベルと呼ばれていたといいます。

ヘーゲルは、市民社会の発展によって富が拡大すればするほど、貧困が発生するということを当時のイギリスの状況を見ながら正しく認識しています。「富の過剰にもかかわらず、市民社会は、貧困の過剰とペーベルの出現を防ぐのに十分なほど豊かではない、つまり市民社会固有の資産をそれほど十分に所有してはいない」(第二四五節)のです。

ここでいわれているのは、富が足りないから貧困層やペーベルが生まれるということではありません。むしろ富は過剰に存在しているにもかかわらず、市民社会、つまりは資本主義においては富が偏在してしまうため、結局はペーベルが生まれるのを防ぐことができないというのです。したがって、市民社会に十分な「資産」があっても、ペーベルの発生を止められるわけではありません。

しかし、ここでヘーゲルに特徴的なのは、ペーベルは経済的・物質的な貧困だけから生まれるのではなく、貧困によって生じるメンタリティが、ペーベルをペーベルにすると考えているところです。

> 貧困それ自身は、誰もペーベルにはしない。ペーベルは、貧困に結びついている心持ちによって初めて〔ペーベルとして〕規定される（一八二四・二五年講義、四七九頁=GW 26-3, 1390、傍点引用者）

ヘーゲルによれば、そうした「心持ち」を生み出すのは、「自分の生計を見出す権利をもっている」にもかかわらず、自分にはそれが与えられていないという不正に対する感情です。お金がないこと自体ではなく、お金がないことによって尊厳が失われたという感情が、ペーベルをペーベルにするのです。

このようにヘーゲルは、物質的な貧困がもたらすメンタル的な影響をも問題にしています。「大衆が、その社会の成員にとって必要なものとして自ずと決まってくる一定の生計のあり方の基準以下に落ち込むこと」は、「法感情、遵法感情や、自分の活動と労働によって生きているという誇りという感情を失わせる」（第二四四節）のです。

さらに、ヘーゲルは富めるペーベルの存在についても触れています（一八二四・二五年講義、四七九頁=GW 26-3, 1390)。つまりお金があっても、社会から疎外されているという心情がその人をペーベルにします。ペーベルは単に物質的に貧しいということだけではなく、むしろ貧困の心理的な側面を重視した概念なのです。

ヘーゲルは、ペーベルは市民社会の中で「偶然だけを頼りに」する、「軽佻浮薄」で「労働嫌い」な人々だといいます（一八二四・二五年講義、四七九頁=GW 26-3, 1391)。ひどい言いようですが、これは別に道徳的に彼らを批判したいからではありません。彼らにそうしたメンタリティを植え付けたのはまさに市民社会のほうなのです。

つまり、ペーベルとは主には貧困を原因として、市民社会の中でその一員として生計を営んでいく意欲を失った人、そしてそれによってこの社会に対して反逆心を抱くようになった人々なのです。

市民社会を補完するもの

さて、このように市民社会における自由な経済活動は、最初の見た目に反して、普遍と個別をばらばらにし、社会を不安定にします。すでに述べたように、ヘーゲルはこの自由な経済活動の領域としての市民社会を補うような制度として、三つのものを「市民社会」章の中で挙げています。その一つ目が司法です。

私たちが自由な経済活動をし、他の人と取引を行うためには、そもそも取引をする二人が相互に相手のことをそうした経済活動の主体と知って認め合っていなければなりません。また、それと密接に関連して、その取引しようとしている物やお金がそれぞれの所有物であることが保証されている必要もあります。つまり、個々人が人格として、権利主体として認められており、何がその人の所有に帰されるものであるのかが定められていなければ、そもそも取引を行うことができません。

したがって、ヘーゲルは市民社会にはまず司法 Rechtspflege が必要だといいます。これはもちろん法律が存在していることを前提としていますが、人々が利己的な活動をして、契約を通じて自分自身の利害を実現していくような社会である市民社会において、司法は必要な市場外の装置です。まず個々人が人格や契約の主体として認められ、かつそうした人格や権利が傷つけられるときには、それが不正であるということが認められるのでなければならないからです。

これが認められないような状況においては、欲求の体系は成立しません。つまり、個人の人格やその権利を毀損する人が罰せられるということがなければ、そもそもこういうシステムは成立しません。そこでまず法律が書かれていて、それがみんなに知られていることが必要だし、法に反すること、要するに人格や権利を毀損する人は法廷で裁かれて、罰せられることが必要であるというわけです。

なぜポリツァイが必要か

第二にヘーゲルが市民社会を補完するものとして位置づけるのが、私たちがここまでずっと検討してきたポリツァイです。ヘーゲルはポリツァイをとくに、先に見た市民社会における貧困化という問題と関係づけています。

なぜポリツァイは必要なのでしょうか。ヘーゲルの非常に印象的な言葉を、彼のいくつかの講義の中から、挙げておきたいと思います。

> 生計の確実さを私は私自身において持ってはいない。生計の確実さは普遍的目的でなければならない。(一八二一・二二年講義、二三六頁=GW 26-2, 748)

> 生命の権利は、人間において絶対的に本質的なものであって、この本質的なもののために、市民社会は気づかわなければならない。(一八一七・一八年講義、一七七頁=GW 26-1, 138)

> そして個人は、生まれながらの社会の成員として、社会に対して自分の生計のための権利と生計を危険にさらす偶然性から身を守る権利を持つ。（一八一八・一九年講義、一四一頁＝GW 26-1, 308）

結局、「欲求の体系」としての市民社会は、私たちに生計を、つまりは生命の保障を与えてはくれません。司法の存在もそのためには十分ではありません。それだけで人々の「福利」「幸福」を実現することはできないのです。しかもそのことを、ヘーゲルはここで「生計の確実さは普遍的目的でなければならない」とか「生命の権利」という印象的な強い言葉を用いて、表現しています。

そして、まさにそのためにポリツァイが必要だとヘーゲルはいいます。

> 特殊性において現実的な法（権利）は、一方の〔人格と所有という〕目的であれ他方の〔生計と福利という〕目的であれ、目的を阻害する偶然性が廃棄されており、人格と所有の妨げられざる保障がもたらされているということ、そしてまた個別者の生計と福利の保障がもたらされているということ、つまり特殊な福利が権利（法）として扱われ実現されているということを含んでいる。（第二三〇節）

先ほどの講義からの引用は、比較的わかりやすかったと思いますが、『法の哲学』の本文だと、こうした抽象的で難解な表現になってしまいます。

まずここで偶然性といわれているのは、私たちが生活を送る上で、その生活を脅かしかねないリスクのことです。つまり、市民社会と呼ばれる経済システムの中で、私たちはいつでもそうしたリスクにさらされている、その限りにおいて私たちの幸福が保障されてはいないということです。

そうしたリスクに対する普遍的な保障、つまり特殊な個々人の福利を普遍的で必然的なものとして実現すること、要するに個々人が幸せになる状況を実現すること、それがまさにポリツァイの役割であると、ヘーゲルはいっているのです。

隣人愛と慈善活動

ヘーゲルは、ポリツァイという国家が行う措置が社会問題を解決するのに必要だということを強調します。すでに『法の哲学』に先立つ一三年前、ヘーゲルは『精神現象学』の中で「汝の隣人を愛せよ」というよく知られた道徳的格率（それはキリスト教の格率であり、またカントも彼の道徳哲学の中で主張したものですが）について、次のように述べています。少し長いのですが引用してみましょう。

国家による善行〔福祉行政〕と比較されるならば、個別者としての個別者の行いなどはそもそも何か非常に取るに足らないものとなり、それについて語る労を費やすにほとんど値しない程度のものである。その際国家の行いは非常に強力であり、もし個別者による行いがこの国家の行いに対抗するとしても〔略〕そうした個別的行いはそもそも役に立たず、否応なしに破壊されることとなるだろう。感覚的なものであるような善行に残されているのは、完全に個別的な行いであるという意味でしかなく、緊急援助という意味でしかない。しかし緊急援助も、偶然的かつ一時的なものなのである。そうした個別的善行が行われる機会だけが偶然的に決まるのではなく、善行がそもそも作品（存続する成果）であるのか、すぐさま再び解消され、それ自体がむしろ顛倒され害悪となるようなものではないのかどうかも偶然的に決まるのである。したがって他者の幸福のためになされるこうした行為が必然的なものといわれるのだとしても、「そうした行為はひょっとしたら存在しうるし、ひょっとしたら存在しえないかもしれない」、とか「たまたま偶然存在するということになったとしても、それはひょっとしたら成果をもたらしたり、ひょっとしたら善いものであったりするかもしれな

いが、ひょっとしたらそうではないかもしれない」などというような性質のものなのである。(GW 9, 231、傍点引用者)

この箇所の慈善家に対する物言いは、いささかいきすぎているようにも見えますが、先ほど述べた「普遍性と個別性の一致の必然性」を、ヘーゲルが大変重視しており、それが国家において可能なのだと考えていることがわかります。いいかえれば、隣人愛という道徳的格率も国家を通じてはじめて確立されるのです。

ただし、『法の哲学』では「貧困の主観的なもの〔側面〕」(第二四二節)に対しては、慈善活動による「心情や愛」が働く余地もあるとヘーゲルは述べており、個人的な慈善活動を全面的に退けているわけではありません。しかし、国家が行う普遍的な対策に代わることができないという見解は変わっていません。

「あらかじめの配慮」としての役割

このように「欲求の体系」を補完する二つ目の制度がポリツァイです。しかしポリツァイはまた、司法を補うものだということもできます。なぜなら、司法によって人格と権利が保障されたとしても、これらを毀損《きそん》する人が罰せられなければそもそも欲求の体系は成立しないからです。司法だけでは、法を犯した人が罰せられることはありません。つまり、そもそもポリツァイ、この場合はまさに警察が、「犯罪者を法廷に連れてこなければならない」（一八二四・二五年講義、四六六頁=GW 26-3, 1380）のであって、司法もまたポリツァイなしには市民社会にとって有効ではないのです。

ヘーゲルがどういう形でポリツァイを位置づけているかが、これではっきりしてきたと思いますが、ここでフーコーの議論との関係において、キーワードになるヘーゲルの言葉を二つ取り上げたいと思います。

一つ目は「あらかじめの配慮」という、ややぎこちない訳語ですが、ドイツ語で「Vorsorge《フォアゾルゲ》」という言葉です。ヘーゲルはこのように述べています。

> ポリツァイによる監督とあらかじめの配慮は、諸個人の目的を普遍的な可能性と媒介しなければならない。この可能性は個人的目的の達成のためにある。〔略〕この普遍的な仕事をポリツァイが果たさなければならない。（一八二二・二三年講義Ⅱ、四一八頁=GW 26-2, 990、傍点引用者）

この「あらかじめの配慮Vorsorge」という言葉は、現在でもたとえば、年金についてなど老後の心配を表現するのに用いられます。「vor」というのはドイツ語で「前に」を意味する接頭辞で、「Sorge」というのは「配慮」とか「ケア」のことを意味します。たとえば老後についてあらかじめ考えて、手当てをしておくことが「あらかじめの配慮Vorsorge」です。

だから、ポリツァイは、リスクが実際に人々に降りかかってくる前に、あらかじめそのリスクに備えておかなければなりません。つまり先ほど見た偶然性というリスクによって市民が不幸に陥ることを予防しなければならない。「あらかじめの配慮Vorsorge」とはそうした意味合いを持った言葉です。

個人はそれぞれ自分が幸せになりたいわけです。それと国家という「普遍的な可能性」とをつなげなければならないのですが、これをつなげるのがポリツァイの役目だと、先の引用は述べています。

近代国家の課題を乗り越える

もう一つ似たような概念で、「摂理Vorsehung《フォアゼーウンク》」という概念があります。ここでも「vor」という「前に」を意味する接頭辞が登場します、「Sehung」は見ることを意味するsehenという動詞を名詞化したものです。したがって文字通りには「あらかじめ見ること」を意味します。じつは、これは伝統的に「神の摂理」を意味してきた言葉なのですが、ヘーゲルはポリツァイとの関連でこのように述べています。

摂理のもとでわたしたちは神の統治を考えます。それは外的な存在を支配し、目的にしたがってこれを決定します。この目的は存在そのものに固有の内的な目的ではありません。〔略〕したがってポリツァイもまた、それ自身ではこうした目的を持たない外的な存在と関わる摂理なのです。（一八二四・二五年講義Ⅱ、四六一頁=GW 26-3, 1377）

望ましい世界の実現のために未来を見るということは、キリスト教においては伝統的に神の課題でした。あるいは、より正確にはキリスト教の神は全知全能ですから、神があらかじめ見ていることは必ず実現するはずでした。

だから、私たちが幸せになり、世界全体が善いものとなることを神があらかじめ見て、それこそ配慮して、決めていてくれるはずだったのですが、近代においてはそれが国家の課題になります。その役割を担うのがポリツァイなのです。世俗化した近代においては、神に代わって国家が人々の将来にあらかじめ配慮しなければならないというわけです。

ちなみにフランス語では「福祉国家」のことを「摂理国家État-providence」といいます。état は国家のことですが、後半の providence の「pro-」は前という意味で、「vidence」は元々ラテン語で「見る vider」という動詞から来た言葉ですので、これも「前もって見る」ことを意味します。providence も単独では「摂理」と訳されるので、フランス語では今でも福祉国家のことをまさに摂理国家というふうに呼んでいることになります。*41

フーコーからヘーゲルを理解する

こうしてヘーゲルのポリツァイという概念を見てくると、前章で見たフーコーの議論から理解できることがあります。

一つ目は、フーコーは主権による法的な権力を統治性と区別していましたが、ヘーゲルもポリツァイをそうした法による支配を補う国家機構、より巧妙な支配技術、統治技術だと考えています。両者にとってポリツァイは練り上げられた、より洗練された統治のあり方だったといえるでしょう。

第二に、市民の幸福を目的とし、偶然性としてのリスクに対する安全を確保するものであるという指摘でも両者は共通しています。つまり神の摂理に代わる国家の摂理として、国民の将来を保障する「あらかじめの配慮」をしてくれるのがこのポリツァイなのです。

また、「ポリティカル・エコノミー」としてのポリツァイという視点も両者に共通するものといっていいでしょう。一八世紀に議論されていたポリツァイ学には、いわゆる経済学のような内容も含まれており、フーコーも経済学とポリツァイ学の関係を指摘しています。要するに経済活動をどうやって促進したり、統制したりするかというのはポリツァイの課題でした。そもそも日本の「経済」も「経世済民」、つまり「世を経《おさ》め、民を済《すく》う」という言葉から来ているように、統治の視点から考えられた学問だったのです。

いかなるときに「権利」は制限されるのか

しかしヘーゲルとフーコーの議論には、大きな違いがあります。フーコーの議論は単なる記述にとどまっています。つまり、こういう形の権力が歴史的に生まれてきたと書き記しているだけであって、そうした権力についての価値評価を表だっては行っていません。

それに対してヘーゲルは、ポリツァイを一方では必要だと考えており、他方ではその限界を見て取り批判しています。では、ヘーゲルはポリツァイの限界をどういうところに見ていたのでしょうか。この点が、ヘーゲルが市民社会を補完するために必要と考えたもう一つの制度に関わっています。

ヘーゲルは講義の中で、次のような興味深いことを述べています。それは、ポリツァイが所有権を制限するという場面について、語られているところです。

私は、その家が他人の快適さ、健康等々を損なうとしても、家を建てることを意志することができる。それ故社会は、通常は合法的とされる私の所有権行使を制限しうる。(一八二一・二二年講義、二三七頁=GW 26-2, 749)

先ほどは、ポリツァイが司法を補完するということを述べましたが、今度は司法が保障すべき権利とポリツァイとが対立する場面が考えられています。

一人ひとりが有する権利は基本的には侵してはならないものであり、その中でも所有権は基本的なものだと考えられています。ところがその所有権を行使することが、他の人々に対して害をもたらすことがあります。

日本国憲法では第一三条で「生命、自由及び幸福追求に対する国民の権利については、公共の福祉に反しない限り、立法その他の国政の上で、最大の尊重を必要とする」とされていますが、これは逆に「公共の福祉」のためにやむを得ない場合、権利が制限されることを認めているとも理解されています。ヘーゲルが念頭に置いているのもまさにそのような場面です。「私は、その家が他人の快適さ、健康等々を損なうとしても、家を建てることを意志することができる」。つまり、その家を建てることによって隣の人の住環境が悪くなって、健康を損なうことがあるかもしれない。今でいえば日照権や、あるいは道路をつくるために家を建てる面積が制限されるとか、都市の景観のために一定の規制がかけられるといったことがあり得ますが、純粋な所有権という観点だけでは、そこに家を建てることで他の人々に何らかの迷惑をかけるとしても、その行使自体は制限されないことになってしまいます。

そこに制限を加えるのがポリツァイだとヘーゲルはいいます。「それ故社会は、通常は合法的とされる私の所有権行使を制限しうる」。これがポリツァイの機能の一つであると述べるのです。

統治の恣意性

ただ、ヘーゲルが指摘するのは、その制限の程度がどのくらいのものになるかが、ポリツァイの恣意的な決定によらざるを得ないということです。公共の福祉のために、所有権を制限することは容認されるとして、では一般的にその所有権がどこまで限定されていいかをあらかじめ決めることはできません。

その都度その都度ポリツァイ、つまり行政権力が判断することになります。たとえば三階建てだったら大丈夫だけれども、五階建ては許可されないとか、道路を広げるためにこの箇所の、これだけの幅については建物を建ててはいけないとか、そういうことです。

私が住んでいる京都市では、決められた地区について一区画あたりの屋外広告物の大きさは五平方メートル以内と決められています。[*42] そうしたことを、この場合は地方行政というポリツァイが決めているわけです。

ヘーゲルは、この恣意的な決定というところにポリツァイの問題点を見ています。別の年の講義では、次のように述べています。

〔土地〕所有の使用は他の地所との関連を含んでいるが、この地所を自由に使用するための権利を持つのもまた、かの所有者たちである。そして有限性のこの段階では悪無限性の過程へと進行していくこととなり、したがってここでは何の確定した規定も与えられ得ないし、どんな絶対的な境界も引き得ないのである。(一八二二・二三年講義Ⅱ、四一八頁=GW 26-2, 990)

原理的には、どんな所有権の行使も他の人の所有権と関わらざるを得ません。そして、もしそうだとするならば、それに伴うその人の所有権の行使の制限も際限のないものになりかねないのです。

ここで登場している「悪無限」という言葉は、「真無限」に対置されるヘーゲルの用語ですが、そのように際限なくどこまでも続いていく無限性をヘーゲルは「悪無限」と呼びます。権利の制限は、「有限性のこの段階では」、つまりこのポリツァイにおいては、まさに悪無限に陥りかねないというわけです。

このようにポリツァイというのは権利を制限するという機能を持っているのですが、周りの人たちの権利を保障するために、どこまでその人の所有権が制限されうるのかについて決定する原理は持っていません。

洗練された統治がもたらす帰結

このようにポリツァイは、市民の生活に関わる偶然性（＝リスク）を排除しようとするものだったわけですが、そのポリツァイがとる措置そのものは最終的には恣意的であり、偶然的であらざるを得ません。

これに関して、ヘーゲルが述べているもう一つの箇所を引いてみたいと思います。

ポリツァイは非常に洗練された反省の下であらゆる可能なものを自分の領域へと引き寄せる方向へと向かい得る。というのはあらゆることにおいて、何かに損害を与え得るような、あるいは損害を回避することになるような、或る関連や或る側面が見出され得るからである。したがってこのことによって、ポリツァイは非常に、些事にこだわるものになり得るし、諸個人の通常の生活は〔それによって〕非常に困惑させられたものとなり得るのである。〔略〕しかしこの方向付けを停止させる客観的な根拠はここでは与えられないのである。（一八二二・二三年講義Ⅱ、四一九頁＝GW 26-3, 990）

ヘーゲルはここで、ポリツァイが、「非常に洗練された反省の下であらゆる可能なものを自分の領域へと引き寄せる方向へと向かいうる」と述べています。

つまり、洗練された巧妙な統治であるからこそ、私たちの生活の隅々にまで入り込んでくる可能性があるというわけです。そのような性質があるがゆえに、まさに前章で見たポリツァイ学は、非常に多彩で細かい内容を扱うものになっていました。

前章で、ユスティとレシッヒのポリツァイ学が、市民の生活と生業について非常に細かい項目を含んでいることを見ましたが、そうした「些事にこだわる」＝ペダンティックな性格は、ポリツァイという統治権力のあり方から帰結するものなのです。

『法の哲学』のコンセプト

じつは、このポリツァイ、そしてペダンティックなポリツァイ学に対する批判は、ヘーゲル『法の哲学』のコンセプトそのものにも関わっています。

ヘーゲル以前にもカントやフィヒテはその国家論の中でポリツァイに触れていました。とくにフィヒテは『自然法の基礎』の「国制 Verfassung」について論じている箇所で、「ポリツァイ概念を演繹」してみせるのですが、それによれば「ポリツァイは国家にまったく必然的に必要とされるもののひとつ」であり、「それにより執行権と臣民との間の相互的影響と持続的な相互作用が可能になる」(フィヒテ 一九九五、三四一頁=Fichte 1991, 286) といいます。

このようにフィヒテもポリツァイに普遍と個別の一致へと向かう働きを見出していたといえますが、さらにポリツァイに単なる警察としての役割を超えた広い役割を見ていました。つまり、フィヒテにとってもポリツァイの第一の課題は、「国家による〔市民の〕保護義務」なのです。もちろん、フィヒテは安全な往来のために武装して監視したりパトロールしたりという、いわゆる警察的業務についても触れていますが、道路工事の監督、医者の任用、薬の販売の管理、消防、河川工事などもポリツァイの任務としています。

フィヒテによれば、「ポリツァイの主要格率」は、「いかなる市民も、必要となるときにはいつ

フィヒテ（1762–1814）

でも、すぐさまあれこれの特定の人格として承認されうるのでなければならない」（フィヒテ 一九九五、三四五頁＝Fichte 1991, 289）ということです（ここに再びフーコーのいう「司牧権力」を見ることもできるでしょう）。

そのためにフィヒテは、身分証明書の発行もポリツァイの職務だというのですが、これについて彼は次のように補足しています。「それなりに文払い能力のある人物の場合には、〔文字による〕描写の代わりにうまく描かれた肖像画が身分証明書につけられてもよいだろう」（フィヒテ 一九九五、三四五頁＝Fichte 1991, 289）。

この最後の箇所について、フィヒテはついでに触れたというほどのつもりなのでしょうが、ヘーゲルは、この箇所をフィヒテの国家論の特徴を示すものとしていささか揶揄《やゆ》を込めて次のように述べます。

このようなことを詳論することの中には哲学のいかなる痕跡ももはや見出され得ない。そして哲学は、こうした無数の対象を越えて最も自由に自らを示さなければならないのだから、なおさらこのようなとてつもない博識〔過剰な知識〕を捨て去ることが出来る。このことによって、学問はまた、博識だという思い込みの虚栄心が、〔知ろうとする〕諸事情や諸制度の多さに投げかける憎悪から、最も遠くにあることを、身をもって示すのである。（『法の哲学』上、序言、三六頁=GW 14-1, 15）

この箇所は、哲学が些事にこだわる必要がないことを述べる箇所ですが、ヘーゲルは哲学者フィヒテだけでなくポリツァイ学者たちもまた、あまりにもそうした些事にとらわれすぎていると考えていたのでしょう。つまりヘーゲルは、自由であるはずの哲学がそうした些事に入り込んでいくことは、まさに自由の否定だと見なしたのです。

全体主義に対する批判

このようにヘーゲルは、ポリツァイという権力が、微細に私たち市民の生活に入り込もうとするもので、それを原理的にさえぎるものはないことを指摘しています。

私たちは、ここに全体主義に対するヘーゲルの批判を見ることもできるでしょう。全体主義というのは二〇世紀の言葉なので、『法の哲学』という一九世紀の著作に全体主義批判を見て取ることは、時代錯誤《アナクロニズム》になってしまいますが、フーコーが問題にしていた統治性という権力形態と同じものをヘーゲルがここに見ていたとするならば、あながち的外れではないでしょう。

そのことは、次のヘーゲルの言葉からもうかがうことができます。

しかし、こうした国家は、いつも互いに監視し合うほんもののガレー船になってしまう。(一八一七・一八年講義、一七九頁=GW 26-1, 140)[*43]

ガレー船というのは、これもフーコーが『狂気の歴史』で扱った題材ですので、フーコーとの関連という点でも興味深い発言ですが、犯罪者や精神障害者を閉じ込め、彼らを酷使して船を漕がせるということが、一九世紀まで一種の刑罰として行われていました。船という閉ざされた空間を利用して、そうした人々を管理し役立てようとするのがガレー船だったわけで、ポリツァイの支配によって社会全体、国家全体がそういうものになってしまう危険性をヘーゲルは指摘していたのです。

進む監視社会化

新型コロナウイルスによるパンデミックにおいて、各国政府はこれまで見てきたような意味でポリツァイとして機能していました。つまり、統計を用いて感染状況を把握しながら、時にはロックダウンを行い、人々の移動や飲食店の営業を制限したり、消毒やマスクの着用を奨励ないし義務づけたりするなどの措置を通じて、感染拡大を防ごうと努めました。

政府はそうして、個人個人の感染を防ぎ、同時に全体としての医療体制、ひいては社会の崩壊を防ぐことで「普遍と個別の一致」を目指そうとしたともいえるでしょう。

しかし、こうした統治の働きは、同時に私たちの自由を制限することになります。以前から監視社会について警鐘を鳴らしてきた社会学者のデイヴィッド・ライアンは、新型コロナウイルスのパンデミックによって、さらに監視社会化が進むことを危惧しています（ライアン二〇二二）。

感染症の予防のためには、感染者がどこにいて誰と接触したかを把握することが有効です。とくに、今回のコロナ禍では私たちが常時持ち歩いているスマートフォンが活用されることになりました。スマートフォンにはすでに、位置情報が含まれています。それを利用すれば、感染者の行動や、その近くに誰がいたのかを把握することができるというわけです。

そこで各国は、新型コロナ感染予防を謳って、人々の行動を記録し、報告するアプリケーションを開発し、その普及を図り、場合によっては強制しました。しかし、そうした情報を提供することは感染予防に役立つ一方で、他方では私たちの行動という大変プライベートな情報を国家に譲り渡してしまうことになります（しかし、幸か不幸か、日本はそうした技術をうまく使えずに、監視も中途半端なものにとどまりました）。

人々の行動を監視しようとしたのは国家だけではありません。国家は多くの場合、そうした監視システムを導入するに当たって、民間企業に委託せざるを得ませんでした。いわゆるＧＡＦＡのような企業はすでに顧客の行動についてのビッグデータを持っているわけですが、私たちの行動は情報として民間企業にも蓄積されているのです。

リヴァイアサンへの警戒

二〇二〇年五月、ロンドン・スクール・オブ・エコノミクスの法学者であるプール氏が、興味深いエッセイをロンドン・レビュー・オブ・ブックスのオンラインサイトに発表しました（Poole 2020）。

みなさんは、イギリスの一七世紀の政治哲学者ホッブズの著した『リヴァイアサン』（一六五一）という著作の口絵をどこかで一度はご覧になったことがあると思います。

ホッブズ『リヴァイアサン』の口絵。ホッブズとの密接な共同作業によってエイブラハム・ボッスという版画家によって作成された
大英博物館蔵（© The Trustees of the British Museum）

その上部中央には体が多くの人々からなる巨大な人間が描かれており、ホッブズが旧約聖書に登場する怪物リヴァイアサンに例える国家が表されています。この巨大な人間の前には城壁で囲まれた都市が描かれています。ヨーロッパの都市は城壁で囲まれているのが通常でしたので、そ

『リヴァイアサン』の口絵に小さく描かれた二人の人物の拡大図

れは不思議なことではありませんが、この都市にはまったくといっていいほど人気《ひとけ》がありません。まるで死んだ街のようです。

プール氏は、これがペストによるロックダウン下の都市ではないかと指摘しました。プール氏がそういうのは、この街に人気がないから、というだけではありません。じつは、この街にはじつは小さく二人の人物も描かれています。注目すべきはその風貌です。小さな影としてしか描かれていないのですが、その頭部は右のほうに向かってとがっているように見えます。

プール氏は、これがペスト医師ではないかといいます。一七世紀には、ペストに対処した医師たちはくちばし形をしたマスクをつけていました。当時はペストの原因が細菌であることが知られておらず空気によって感染すると思われていたため、このマスクの中にスポンジとともに解毒剤やハーブが詰められており、そこを空気が通る間に無害になると信じられていました（Blackmore 2020）。

もしプール氏が正しいとするならば、国家をリヴァイアサンという怪物として描いたホッブズは、感染症対策という公衆衛生もまた国家の機能として考えていたということになります。

ホッブズは、自己保存を人間を駆り立てる最大の動機と考え、人間は自己保存のために社会契約を結び、国家を形成すると考えました。その意味では、感染症という脅威から臣民を守ることも、国家の義務であるとホッブズが考えていた可能性は大いにあり得ます。しかしまたホッブズは、人々はそのためにすべての自然権を国家に譲渡しなければならないと考えました。

くちばしをつけた医師の絵が描かれたパウル・フュルストの版画（1656年）

こうしたホッブズの国家観は、「絶対主義国家」を肯定するものとされます。生命を守るという目的を達成するために、国家は絶対的な権力を持っていなければならないというわけです。こうした、国家観はコロナ禍によって再び注目を浴びることになりました。私たちは、自らの生命を守るためにすべての権利を国家にゆだねなければならないのでしょうか。ヘーゲルのポリツァイに対する警戒は、こうしたホッブズ的な、生命と自由とのトレードオフに待ったをかけるものとして理解することもできます。一方で個人に完全な自由を認めて、ポリツァイによるコントロールをまったく認めないという立場もあり得るでしょう。しかしヘーゲルは、ポリツァイの必要性を強調しています。

フーコーに大きな影響を受けた現代イタリアの哲学者ジョルジョ・アガンベンは、二〇二〇年二月に「疫病の発明」と題したブログ記事を発表し、コロナ禍で国家がリスクの名の下に市民をミスリードしているとし、市民がそれに抵抗しないことを批判して、物議を醸しました。[*44]

こうした主張はフーコーの理論のある種の悪用であり支持できませんが、他方で生命の維持のために政府はすべてを行いうるとする立場が危険であることもいうまでもありません。

こうしてヘーゲルの「法哲学」は、ポリツァイにおいて現れるような国家権力を、全否定するのでも全肯定するのでもなく、批判的に組み込んでいます。それは、市民の安全と自由という二つの一見相反する原理の間の隘路《あいろ》を行こうとする試みだということができます。

第三章
公共性をいかに復活させるか

もう一つの概念

ここまで見てきたように、市民社会は基本的に経済活動の領域ですが、それを市場に任せるのみでは、必ずしも私たち全員の普遍的な幸福は実現しません。

それゆえ国家（この場合は悟性国家）は、まず司法という形で市民を所有権と契約の主体として認め、さらにそれでは解決しない貧困問題などのためにポリツァイを通じて市民社会に介入していきます。しかし、それによっても国家による個人への配慮というものは完成しない、いやむしろポリツァイが私たちの自由を奪い、のちの全体主義の国家のように私たちを監視の対象としてしまう危険性をヘーゲルは指摘していました。

普遍的なものと、個人の幸福という個別的なものを媒介することが、そもそもポリツァイの役目であり機能だったはずですが、そうした目的はポリツァイによっては結局達成できないというわけです。

こうして、市民社会を補完するためにヘーゲルが持ち出す、第三の概念が登場することになります。それが「コルポラツィオン」という概念です。この語も再び、ドイツ語の音でカタカナ表記せざるを得ないのですが、このコルポラツィオンに、ヘーゲルは普遍と個別の媒介、そしていわゆる「理性国家」を実現する重要な機能を見て取ることになります。

しかし、このコルポラツィオンそのものについて見ていく前に、もう少しヘーゲルがコルポラツィオンの必要性を説明する文脈、つまり市民社会の問題を見ておくことにしましょう。

ペーベル、プロレタリアート、モッブ

前章でヘーゲルが用いた「ペーベル」という言葉を紹介しました。読者は、このペーベルの説明を聞いて、「プロレタリアート（労働者階級）」というよく知られた概念を思い浮かべたことでしょう。

実際、一九世紀も半ばになっていくと、従来の身分制社会との関係で（そうした身分制社会から

あぶれた人々を指すものとして）用いられていたこのペーベルという用語は、ドイツでは次第に用いられなくなり、フランス語から入ってきたプロレタリアートという言葉に置き換えられていくようになります。[*45]

ただし、前に見たようにヘーゲルがペーベルとして考えていたのは、職業からあぶれた人たちでしたから、ヘーゲルによるこの概念は労働者階級というよりはそこからも脱落した人々を指していると考えたほうがいいでしょう。

そこで参考になるのは、二〇世紀のユダヤ系ドイツ人の哲学者ハンナ・アーレントが『全体主義の起原』の中で「モッブ」と呼んだ人々です。アーレントによれば、モッブとは「全階級、全階層からの脱落者の寄り集まり」（アーレント 一九七二b、五五頁）であり、一九世紀後半にそうした人々が、テロリズムと熱狂的なイデオロギーを奉ずるに至り、のちのファシズム、とくにその指導者層の淵源となったことを指摘しました。

アーレントは、フランスで反ユダヤ主義が吹き荒れるきっかけとなったドレフュス事件の背景となる社会状況を描く中で次のように述べています。

モッブはありとあらゆる階級脱落者《デクラッセ》から成る。モッブのなかには社会のあらゆる階級が含まれている。モッブはカリカチュア化された民衆であり、それ故にまたあのようによく民衆と混同されるのである。民衆があらゆる革命において国民に対する主導権を得ようとしてたたかうとすれば、モッブはあらゆる暴動の際に自分たちを指導し得る強力な人間の後について行くのである。モッブは選ぶことができない。喝采するか投石することしかできないのだ。〔略〕モッブは自分を締出した社会と、自分が代表されていない議会を憎んだ。〔略〕大量現象としての失業というものがまだなかった時代において、モッブは主として零落した中産階級から成っていた。（アーレント 一九七二a、二〇四頁）

まさにそうしたモッブの性格が反ユダヤ主義と結びついたことをアーレントは指摘しています。そして、二〇世紀のファシズムにおいてはそうしたモッブが指導者となって、従来のエリートと結託し大衆の支持を受けることになったというのです。

この崩壊にさらされた民衆を捉えたアナーキックな絶望は、エリートの革命的気分にとってもモッブの犯罪者的本能にとっても同じように歓迎すべきものと思われた。モッブがこれを最初の素晴しい機会到来と見たことは当然である。モッブの指導者は、いかがわしい連中だけでなく厖大な数の民衆をも組織する最初のチャンスに恵まれたのである。彼らのほとんどが、正常な職業では落伍し、性犯罪者、麻薬常習者、あるいは性的倒錯者として正常な私生活にも適応できない人間である故に政治家を志したに過ぎないという事実——伝統的な政党の指導者たちは、大衆の目にはこの事実が彼らの信用を落すものとして映るだろうと無邪気に期待したのだが——は、大衆に対して絶大な魅力のもととなった。この事実はむしろ次のことを証明するものと思われたのである。すなわち、彼らにこそ時代の大衆の運命が具現されており、運動への献身や、受難者との連帯や、市民社会に対する侮蔑を断言する彼らの言葉は嘘偽りではない、彼らはこの社会での栄達を望もうとはせず、すでに自ら退路を断って進む覚悟なのだ、と。（アーレント 一九七四、四二頁）

アーレントがファシズムの要因の一つとして見出したモッブと、ヘーゲルがペーベルと呼んだものとは時代も違いますし、その位置づけを理解するための社会状況が大いに異なっています。その意味では、ペーベルとモッブを安易につなげて理解するのには慎重になったほうがいいでしょう。

しかし、アーレントが階級からあぶれたモッブという人々に着目したように、ヘーゲルが当時の身分制社会からあぶれ、労働への意欲を奪われ精神的に荒廃した人々が生じていたことに危機感を持っていたことは注目されていいでしょう。そしてまた、あとで見るように、ヘーゲルは感情にしたがって熱狂的に何かを破壊するという性格をペーベルに見ていました。

あるいはアガンベンが述べたような「剝き出しの生」(アガンベン 二〇〇三) をそこに見たといってもいいでしょう。ヘーゲルはもちろんファシズムを知りませんでしたが、しかし社会を根底から覆してしまうような精神的荒廃を、このペーベルと呼ばれる社会的階層に感じ取ったのです。

発展するほど「ペーベル」は生まれる

前章で見たように市民社会は、「貧困の過剰とペーベルの出現を防ぐのに十分なほど豊かではない」(第二四五節) ないといわれます。それどころか、市民社会がいくら発展して豊かになってもペーベルの発生を防ぐことはできないのです。いや発展するほどペーベルが発生してしまいます。

したがってまず、「普遍的な威力が、貧者たちの家族の役割を引き受け」「その直接的な欠乏を顧慮」(第二四一節) しなければなりません。ここで「普遍的な威力」と呼ばれているのは国家、つまりポリツァイと考えてよいでしょう。それではポリツァイはそうしたペーベルをも生み出すような貧困化に対して何をすることができるでしょうか。

まず考えられるのは生活保護です。つまり、政府がその人の生計を保証することが考えられます。しかしヘーゲルは、これを「市民社会の原理に、すなわち市民社会の諸個人が持つ自立と誇りの感情という原理に反するであろう」(第二四五節) といいます。[*46]

前章で見たようにペーベルであるということは、経済的貧困だけを意味するわけではありません。その貧困にまつわる社会からの疎外感がペーベルを生み出すのでした。諸個人が自立した独立者として誇りを持って振る舞うことが前提とされている市民社会において、労働の対価としてではなくその人の欲求の充足と生存が保証されるのだとすると、それはスティグマ、つまり負の刻印として働いてしまいます。[*47] ヘーゲルはそうした生活保護は、むしろ労働する意欲を失わせ、ペーベル問題を最終的に解決することにはならないと考えます。

ヘーゲルがもう一つ挙げているのは、その人たちに労働をさせることです。[*48] しかし、そもそも雇用がないために彼らは仕事を得ていないのですから、それでも彼らに労働をさせるとしたら生産物が有り余ってしまうことになります。

そこから、ヘーゲルは「十分に発達した市民社会は〔略〕植民に駆りたてられる」（第二四八節）といいます。資本主義の進んだ国々では市場を求めて、あるいは余剰人口の送り先として植民地を獲得すべく海外に出て行くというわけです。このように植民政策も貧困ないしペーベル対策として考えられています。

ヘーゲルは『法の哲学』では植民政策に関する自身の評価をはっきりと述べていません。しかしヘーゲルが、これもまた決定的な解決策にはなり得ないと考えていることは、前章で見たようにポリツァイが行う「あらかじめの配慮」自体の限界を指摘していることから明らかでしょう

（第二四九節）。

ヘーゲルのレイシズム

植民地の話が出たところで、最近話題になっているヘーゲル哲学の負の側面についても少し触れておかざるを得ません。

近年になって政治家や著名な文化人などの過去の発言のうちに、人種差別をはじめとする問題のある発言を見つけ出し、それにより当該の政治家や文化人が現在一定の地位にあることを不適切であると批判する動きが顕著になりました。

こうした追及は過去の人物にも及び、歴史的に「偉人」として扱われていた人々についても、その評価の再検討が行われています。二〇二〇年にエドワード・コルストンという奴隷貿易商人の銅像がイギリスでデモ参加者によって引き倒されたことをご記憶の方も多いかもしれません。じつは、これは哲学者に関しても例外ではなく、人種差別的な発言をしている西洋の哲学者たち（残念ながらそれは少数ではありません）が批判されています。そして、ヘーゲルもまたそうした批判の対象になっています。[*49]

ヘーゲルは一方で、植民地の解放を歓迎しています。ただし、それはどちらかというと植民地の住民のためというより、宗主国のためでです。『法の哲学』の補遺では、「植民地の解放がそれ自身本国にとって最大の利益であることが証明されるのは、奴隷の解放が主人にとって最大の利益であることが証明されるのと同様である」（第二四八節補遺）と述べています。

しかしそれ以上に、ヘーゲルが黒人についてははっきりと人種差別的発言を行っていたことが、いくつかの講義録に見出されます。たとえば、一八二二・二三年の「主観的精神の哲学」講義では次のように述べています。

黒人は子どもの民族であって、子どもじみた没関心性から出ていくことがない。彼らは外からは教育しやすいが、やはりこうした内的な衝動を持たないのである。したがって彼らは一方では、非常に無邪気で、子どもっぽく、気のいい人たちなのだが、だからこそ同じくらい容易に極端に野蛮で残虐になったりもするのである。平穏な状態での彼らの性質は子どもっぽく、気がいい。彼らがいかに教育しやすいのかは、宣教が進むにしたがって示されるし、彼らは教えられたことに感謝の意を示しもする。しかし、彼ら自身はまだ子ども状態から抜け出ていないのである。彼らの国家は、自然状態から文明状態への移行途上の中間状態にある。この状態は、非常な専制政治と残虐さの状態である。この状態においては人格性についての意識が最も欠けており、それゆえに彼らは容易に奴隷にもされ得るのである。普遍的なものが彼らの頭の中に浮かんでくることはない。彼らはすべてを外から受け取るのである。

（GW 25-1, 35）

まとめれば、黒人は、西洋人宣教師による教育を通じて啓蒙されることはあるが、自分から文明化される意志を持たず自然的状態に近い状態にとどまったままである。そうした状態にとどまっているので、通常は気のいい人々であるが、場合によってはとても野蛮で残虐になったりもするのだ、ということです。これは今日、とうてい受け入れられる発言ではありません。

ヘーゲルは、「世界史の哲学講義」でも、黒人たちが奴隷にされやすいことをその性格に帰しています。[*50] たしかにそこでは「理性的国家において奴隷制は存在しない」とも述べていますが、黒人はそうした理性的状態にはないというのです。

「ミネルヴァの梟は夕闇に飛び立つ」と述べたヘーゲル自身が、時代の子であるのはやむを得ないことなのかもしれません。また、『法の哲学』のこの箇所で扱われている植民政策と植民地主義（コロニアリズム）とはイコールではないでしょうし、一応『法の哲学』のこの箇所の書きぶりには植民政策への批判的なトーンも見て取ることができそうです。

ただ、この箇所だけからヘーゲルが植民政策に反対であったというのは困難でしょう。さらに、右の「主観的精神の哲学」講義の引用から判断すれば、ヘーゲルが偏見を持って黒人を見ていたことは間違いなく、今日の基準から見ればレイシストであったといわれても仕方がないでしょう。彼の歴史哲学においてアフリカが歴史の外に置かれていることと、この黒人への意識は無関係ではありません。なぜならヘーゲルにとって国家のないところに歴史はなく、黒人は自然的なものにとどまっているために国家を持つに至らないと考えられているからです。

こうした人種観は現在から見て批判を免れません。さらに、そうした差別意識がヘーゲル哲学の基本的な部分に関わっている可能性もあります。したがって、今日私たちはヘーゲルを読むときにより慎重でなければならないでしょう。

「コルポラツィオン」の登場

さて、ポリツァイによる直接的な救貧政策も植民政策も、ペーベル問題を解決するには不十分なものにとどまらざるを得ませんでした。

そこでようやく私たちは、司法およびポリツァイと並んで、市民社会の欠点を補完するもう一つの要素、しかもこれらの中ではヘーゲルにとって決定的な要素を取り上げることができます。それが「コルポラツィオン Korporation」です。

コルポラツィオンは、英語で表記するなら corporation、つまりコーポレーションとなります。

これは、今日では「会社」を意味する言葉になっていますが、もともとは「団体」一般を意味する言葉でした。語源をたどるとラテン語で「身体」を意味するcorpusにさかのぼることができます。つまり、複数の人間が文字通り一体となっているのが「団体」だということです。

この語は『法の哲学』の翻訳では「職業団体」と訳されるのが一般的です。この場合は、おおむね妥当な訳だということができます。実際ヘーゲルも、これを同じ職業の人々が形成する一種の組合のようなものとして理解しています。

ただし、ヘーゲルは職業団体という意味以外でもこのコルポラツィオンという概念を用いることがありますので、ここでは訳さずに表記したいと思います。

この言葉もまた、ヘーゲルだけが用いていたわけではなく、当時一般的な言葉でした。フィヒテやアダム・ミュラーといったヘーゲルの前後の哲学者や社会理論家たちもこの語を用いていますし、プロイセン一般ラント法という当時の法律でもこの言葉が用いられています。

プロイセン一般ラント法は、プロイセンがいちはやく国家の近代化のために編纂した法典で、憲法ではありませんでしたが、一九一八もの条項を含む包括的な近代法典でした。その編纂のきっかけとなったのは一七一三年の国王フリードリッヒ・ヴィルヘルム一世による勅令でした。長い時間をかけて編纂作業が進められ、一七八九年、つまりフランス革命の年にようやく発表、その後修正を経て一七九四年に発効するに至ります。[*51]

この浩瀚な法典の第二部第六章にコルポラツィオンは登場します。コルポラツィオンとは「共通の目的のための、国家の複数の構成員の結合」(第一条)であり、「この目的が公共の福祉に反しない限りで」(第二条)国家によって認可され、その構成員には一定の特権が国家によって認められるとされています。

なぜここで、「特権」について語られているのでしょうか。じつは、コルポラツィオンと呼ばれる団体は、この法律以前にも封建的な制度の中で歴史的に存在していました。そして、そうした歴史の中で各コルポラツィオンの構成員には、その性格に応じた特権が認められていました。この特権は国家さえも侵すことのできないものとされており、そうした団体が国家に対する独立性を有していたのが封建制の特徴だったわけです。

プロイセン一般ラント法は、コルポラツィオンの特権自体は否定しませんでしたが、そこに国家の承認が必要だとすることで、封建社会の中に存在していた既存の枠組みを近代的国家へと組み込もうとしたともいえます。*52

市民社会と国家を媒介する

ヘーゲルは、コルポラツィオンを市民社会と国家を媒介する大変重要な場所に位置づけています。それは、ポリツァイが果たすことのできなかった、普遍と個別との媒介を可能にするものです。しかもその媒介は、ポリツァイのように上からの統治としてではなく、むしろ下から可能になると考えられています。

ヘーゲルは、コルポラツィオンを基本的には商工業者による職業別の自発的な結社として理解しています。それは市民社会において分業が進んだ中で、共通の特殊な労働を行う労働者たちの「労働組織Arbeitswesen」であり、彼らは「同輩組合Genossenschaften」を形成して、「利己的目的を普遍的な目的として」理解することになるといいます（第二五一節）。

つまり、市民社会の分業体制の中で人々が有する利害は、同じ境遇に置かれた他の人々と共通している、それゆえに同じ職業の人の利害が個人の利害と一致し、職業別に利害を代表する団体を形成することになるというわけです。

ただし、ヘーゲルにおけるコルポラツィオンは（プロイセン一般ラント法に倣《なら》いながら）、国家による監督を受けるとされます。この国家による監督と引きかえに、構成員を選び、その利害を実現するために活動する権利を認められるのです。つまり、ヘーゲルにおいてもコルポラツィオンは国家からある種の特権を認められています。

権力に特権を認められた団体というと、中世のギルドが思い浮かぶかもしれません。ギルドは英語ですが、ドイツでは「ツンフト」と呼ばれる商工業者の団体がありました。

たしかにヘーゲルのコルポラツィオンは商工業者の特権団体としてはツンフトと似ているといえそうですが、しかしヘーゲルは、コルポラツィオンはツンフト、ギルドとは違うということを強調します。彼はあくまで、コルポラツィオンを近代的な組織として練り直そうとしているのです。

「第二の家族」としての機能

ヘーゲルは、コルポラツィオンを「第二の家族」(第二五二節)と呼びます。以前見たように、市民社会は、家族という紐帯から切り離されたばらばらの個人を出発点としていましたが、コルポラツィオンという、近代的分業にもとづいた職業団体を通じて、再び個人は共同体的な結びつきを取り戻すことになるというわけです。

このコルポラツィオンがポリツァイに代わって「特殊な偶然性に対する配慮」すなわち、生活上のリスクに対する予防措置を担います。さらに重要なのは「能力の育成」、つまり職業訓練です(第二五二節)。

市民社会の問題の一つは、経済的に豊かでない家庭に生まれた人々が自分の能力を育てる機会を持てないということでした。コルポラツィオンはまさに、そうした市民社会の不足を補うものなのです。

ヘーゲルは講義で次のように語っています。

生計の保障、つまり生計が偶然性にゆだねられないようにするということに関していえば、この配慮はポリツァイそのものに属するように思われます。しかし、わたしたちが見てきたように、ポリツァイはただ普遍的なものそのものにしか配慮しないのです。特殊性に配慮されるべきであるかぎりでは、そのためには特別な関心、特別な知識、特別な洞察が必要です。特殊性の中で生きる人々だけが、特殊性についての配慮を引き受けることが出来ます。この人々は、特殊性に全体として配慮し、同時に、彼らはこの特殊性の全体を知っているし望んでいます。（一八一九・二〇年講義、一四五頁＝GW 26-1, 505）

ポリツァイは、普遍と個別の一致を目指す、普遍の側からのアプローチでしたが、それでは個別に到達することはできません。ここでは個別ではなく「特殊」といわれていますが、個別が他の共通するいくつかの個別と一緒にまとまったものが特殊だと、さしあたり理解しておきましょう。

コルポラツィオンが果たすことができるのは、個別を束ねることで特殊性を形成し、その特殊性を普遍性に反映させようとすることです。なぜならそうした特殊性に配慮することができるのはポリツァイのような普遍的な制度ではなく、その特殊性の立場にある人々自身だからです。そして、それはコルポラツィオンによって初めて可能になります。

ここまでで明らかにしてきたように、個人がそれぞれ利己的な活動を行う市民社会では、生計が偶然性にゆだねられることとなり、個人のリスクを十分に回避することができません。つまり、普遍と個別との媒介は不十分にとどまらざるを得ません。同じ一八二二・二三年の講義ではこういわれています。

しかしさらに、産業の一部門を通じて自分のパン〔生計〕を稼ぎ出したいという〔市民社会の〕それぞれの成員の利害が、配慮されるべきである。なぜなら市民社会の諸構成員の本質的な目的はそのひとの〔生計のための〕物資を見出すことだからである。これは、共同性、同輩組織の目的でもありうる。普遍的なポリツァイは、ただ商業や生業を一般的に繁栄させることしか考えない。しかし、そこで目的であるのはまさに特殊なものであり、個人そのものは物資を要求する権利を持っているにもかかわらず、諸個人が必要とする特殊なものについて配慮がなされるわけではないのである。商業と生業が繁栄するということは、ただそうした物資を手に入れるための可能性であるにすぎない。個別的なものを供給するという役割を普遍的なポリツァイは引き受けることができない。それが可能なのは特殊な部門のより小さな共同体なのである。（一八二二・二三年講義Ⅱ、四三一頁=GW 26-2, 996）

個人が自分の欲求充足のために活動することを前提とする市民社会においては、近代以前の共同体的な人々の結びつきが原理的に失われています。ヘーゲルは『法の哲学』でこれを「家族」から「市民社会」への移行として描きました。しかしヘーゲルは、利己的な個人の欲求充足という市民社会の原理にいったん立脚した上で、その市民社会が破壊してきたはずの人々の結びつきを、新たな形で位置づけようとしました。それがコルポラツィオンなのです。

市民社会に共同性を取り戻す

コルポラツィオンは、構成員にとって心理的な支えにもなるとされます。

コルポラツィオンにおいては、生計が能力に応じて保障されるという意味で、家族が堅固な基盤を、すなわち堅固な資産を持っているだけではなく、さらに能力も生計の保障も、ともに承認されている。したがってコルポラツィオンの成員は、自分の有能性とちゃんとした暮らし向きを、すなわち自分がひとかどの人物であるということを、成員であるということ以外の外的表示によって示す必要はない。（第二五三節）

ヘーゲルがペーベルの問題を貧困に伴う心理的な側面に見ていることを先に見ましたが、職業団体はその人に「承認」という形で「栄誉Ehre」を与えることができるのです。

二つ前に引用した講義では、さらにヘーゲルは次のように述べています。

人倫的なものが、特殊性という市民社会の目的の内部で市民社会に帰ってきます。〔略〕こうして、仲間組織、コルポラツィオンなどといった概念が登場するのです。そしてこれが人倫の第二段階なのです。（一八一九・二〇年講義、一四五〜一四六頁＝GW 26-1, 505）

ここでいわれている「人倫的なもの」とは、共同体的な人々の結びつきのことです。

このように市民社会の問題、つまり普遍的な利害と特殊・個別的な利害の媒介が偶然的なものにとどまり、人々が経済的／心理的リスクにさらされるという問題に対して、上からは国家（悟性国家）によってポリツァイと呼ばれる統治政策がとられ、下からは、分業化された職業労働にもとづいて形成されたコルポラツィオンという団体が、貧困と自己尊重の喪失という社会的なリスクを回避ないしは軽減させる、というのがヘーゲルのビジョンです。

コルポラツィオンは「第二の家族」として、構成員（とおそらくはその家族）に生活の安定と承認感情（誇り）を与えます。このようにして、ばらばらの個人から出発した市民社会において、コルポラツィオンは家族の解体とともに失われた共同性を取り戻し、ヘーゲルのいう「国家」への橋渡しをなすことになります。

フランス革命の教訓

じつは、このコルポラツィオンという概念もまた、ヘーゲルのフランス革命批判と関わっています。まさにフランス革命は、アンシャンレジーム（旧体制）において特権を有していた「コルポラシオン」（フランス語ではcorporationと表記し、そう発音します）を解体したのでした。

プロイセン一般ラント法が一七八九年に公布されながらすぐに施行されず、その後、修正が加えられた形でようやく五年後に施行されることになったのも、隣国フランスで革命が起こったことが理由でした。プロイセン一般ラント法はフランス革命で解体された制度を積極的に位置づけた法典だったというわけです。

ルソーは『社会契約論』で「部分的社会が存在しないこと」を「一般意志」の条件としていま

した。[*53] つまり、一般意志とは、その中にコルポラツィオンのような団体を許さない意志なのです。ヘーゲルは『精神現象学』の有名な箇所で、こうした部分を許さない一般意志の概念がフランス革命で実現されたことで、ロベスピエールの恐怖政治が実現してしまったと論じています。

それによれば、一般意志はたしかに自分で自分のことを決定する自由な意志ですが、この意志は何ら積極的な仕事はなし得ません。「この自由に残っているのは否定的な行いだけ」であって、つまり「普遍的自由の唯一の仕事と行為は死」でしかないといわれます。こうして、「キャベツの玉をたたき割る」かのように、あるいは「水を飲み込む」かのように無意味な死がもたらされたのがフランス革命の帰結であったというわけです。[*54]

実際、講義でもヘーゲルは、「近年コルポラツィオンが廃止された」という認識を示していますが、これはフランス革命を念頭に置いたものでしょう。[*55]

さらに、ポリツァイがペーベルの発生という問題を最終的に解決することはできないと、ヘーゲルが考えていることを見ましたが、ヘーゲルはフランス革命を、ペーベルのような、既存の社会の中で自尊心を失った人々が熱狂に駆り立てられて引き起こしたものだと考えています。コルポラツィオンを通じた社会的包摂は、フランス革命のような暴力的な事態を回避するのにむしろ役立つというわけです。

「友愛」はいかに消滅したのか

ヘーゲルも、じつは若い頃は、フランス革命に熱狂していました。神学校時代にヘルダーリン、シェリングらと「自由の木」を植えてフランス革命を祝ったという話は有名です。晩年にも七月一四日に酒席でバスティーユ監獄襲撃の記念日を祝おうとしたところ、その場にいた誰もその日が何の日なのか覚えていなかったという逸話が残されています。[*56]

ところが、青年期以降の著作ではフランス革命についてとても辛らつな批判を向けています。とくに、コルポラツィオンのような組織が失われてしまったことが問題であり、そうなってしまうと上から下までポリツァイが貫いているような国家が実現されてしまうと考えていました。

ヘーゲルは、『法の哲学』に先だって二〇年ほど前に書いた「ドイツ憲法論」といわれる草稿で、当時の国家論について次のように述べていました。

> 国家は、たったひとつのゼンマイが残りのすべての無数の歯車に運動を伝えるような機械であるという根本的偏見がみられる。つまりそれは社会が必要とするあらゆる制度が、最高国権に発し、統制され、命じられ、監視され、統率されなければならないという考えである。
>
> (「ドイツ憲法論」七四頁=GW 5, 174)

ここに、第二章で見たポリツァイに対する批判と同じものを読み取ることは容易でしょう。まさにこれに続く箇所でヘーゲルはコルポラツィオンに言及しています。

詳細なことまですべて決定しようとする衒学癖、身分やコルポラツィオンなどによる自己管理・運営などをねたむ不自由さ、国家には関係せず、ただ何らかの一般的な関係しか持たない公民自身の一切の行いに文句を言う高貴ならざる態度、こうしたものが理性原則という衣装をまとわされている。(「ドイツ憲法論」七四頁=GW 5, 174)

ここでヘーゲルは、コルポラツィオンのような組織を否定してしまって、上から市民を統制しようとするような国家論を退けています。その際に念頭に置かれていたのは、ドイツの領邦国家の統治術として発展してきたポリツァイ学であり、フランス革命につながるフランスの国家論であったということができるでしょう。

つまりヘーゲルにとって、フランス革命において実現したのは、これまで見てきたポリツァイ的統治の完成でした。それに対して、ポリツァイ支配に対抗する組織としてコルポラツィオンを位置づけたのです。

こうして「フランス共和国」は「すべては上から下へと統制され、普遍的な側面を持つものがなにも、これに利害を持つ民衆の諸部分による管理と執行とにゆだねられていないような近代国家」（「ドイツ憲法論」七八頁=GW 5, 177）になったのです。

別の言い方をするならば、フランス革命が実現したのは、自由・平等・友愛のうち、自由と平等だけでした。しかし、まさに友愛なき自由と平等が暴力的な体制を生み出したのです。ヘーゲル研究者であるアヴィネリのうまい表現を引けば、「コルポラツィオンがなければ、『自由』と『平等』の下に『友愛』が消滅してしまう」[*57]のです。

「有機的な国家観」へ

こうしてヘーゲルは、フランス革命の帰趨を受けて、意図的にこのコルポラツィオンという団体に積極的な位置づけを与えました。フランス革命における旧体制の転覆は、旧体制に存在していた特権の否定でした。しかしそれはまた、国家と個人との間にあった中間団体一般の解体をもたらしました。

フランスでは革命後、一七九一年三月二日に布告されたダラルド法と、一七九一年六月一四日に布告されたル・シャプリエ法によって、「コルポラシオン」と呼ばれた中間団体の解体が法的に定められました。その後、国家の統治政策の中で、部分的に結社が認められたにせよ、フランスで結社罪が廃止されるのは一九〇一年のアソシアシオン法の成立を待たねばなりませんでした。[*58] フランス革命は、個人に権利を認める一方で、コルポラツィオンのような中間団体をはさまない個人と国家との直接的な関係だけを認めることで、国民国家を創出していきます。

それに対してヘーゲルは、個人が国家権力に直接向き合うことに危険性を見出し、フランス革命が旧体制の遺物として破壊したはずのコルポラツィオンをむしろ復活させようとしました。とはいえ、これはヘーゲルにとって古い特権団体の復活を目指すものではありませんでした。ヘーゲルは近代社会の分業体制を基礎としながら、コルポラツィオンという概念を刷新し、フランス革命で実現した社会とは別の近代国家を構想していたのです。

このようなコルポラツィオンの概念をヘーゲルが登場させるのは、「市民社会」章においてですが、しかし、コルポラツィオンはヘーゲル本来の国家の中でも重要な役割を果たしています。要するにヘーゲルが考える国家というのは、こうした自立した中間団体が個人と国家の間にあって、組織化されているような国家です。

こうした国家観を「有機的国家観」といいますが、こうしたヘーゲルの国家観は全体主義的なものとして批判されてきた経緯があります。ナチスやファシズムにつながるような国家観ではないかといわれてきたわけです。

しかし、今までフーコーや、当時のポリツァイに関する議論、あるいはポリツァイに対するヘーゲルの批判を踏まえれば、このコルポラツィオンという組織をポリツァイの行政権力に対抗する、あるいはポリツァイの行政権力が持つ全体主義的な傾向を抑制する民主的な組織として考えなければなりません。

ポリツァイ的統治が近代国家にある意味で必要なものだとしたら、コルポラツィオンはそもそもポリツァイという言葉の語源である古代ギリシアのポリスが持っていた政治的な公共性の領域をもう一度復活させようとするものと理解することもできます。近代的な行政国家を民主的に補完するのがコルポラツィオンなのです。

なお、職業団体であるコルポラツィオンを国家の中に積極的に位置付けているという点では、現代の福祉国家論における「ネオコーポラティズム」と比較可能でしょう。ネオコーポラティズムは労働組合の代表を政策決定に積極的に位置づける体制ですが（田中 二〇二三、三三一〜三三三頁）、違いはあれ、労働組織に積極的役割を認める点で、ヘーゲルが構想していた有機的国家はこれに近いといえそうです。

それでは次にいよいよ、ヘーゲルがこのコルポラツィオンをどのように組み込んで、自分の「国家」概念を提起しているのかを見てみることにしましょう。

第四章
国家は何のために存在するのか

悟性国家から理性国家へ

さて『法の哲学』は、前章で見たコルポラツィオンを経て、いよいよ「市民社会」章から「国家」章へと、つまりとくにポリツァイが体現していたような「悟性国家」、「必要国家」ではない「理性国家」の話へと移行していきます。

「悟性」と「理性」は、本来どちらも人間の知的認識能力を表現する概念ですが、カントはこれを別々の認識能力として区別しました。カントの場合にはそれぞれ働きが違うだけで、どちらが優れているというわけではなかったのですが、ヘーゲルははっきりと悟性をより低いもの、理性をより高いものと見ています。

悟性は結局、事柄の形式しかつかむことができず、理性によって初めて「概念」（この言葉もヘーゲルは独自の意味で使います。つまり、それはただ単に私たちが事柄を理解するときに利用する観念ではなく、内容を伴った現実的なものだとされます）を捉えることができるというのがヘーゲルによる悟性と理性の区別です。

したがって、私たちがここまでで見てきた、「市民社会」章において登場した国家をヘーゲルが悟性国家というときには、外面的な形式にしか関わらない、不十分な国家だという意味合いが込められています。

必要国家という聞き慣れない用語も、同じ事態を説明するものです。必要と訳されているのはノートNotというドイツ語ですが、これは差し迫って必要なことを表す言葉です。つまり、ここまでの国家は人々の生活におけるリスクや社会問題に対して、外面的な取り繕いをする国家であるにすぎなかったというわけです。

ところが、コルポラツィオンは「市民社会」章で、下からの自発的な結合として、普遍と個別との一致という課題の解決を実現するものとして登場しました。そしてコルポラツィオンという一種の共同体において初めて、市民社会のメンバーはそこでは失われていた心理的な結合を取り戻すことができるというのです。

しかしまた、コルポラツィオンは市民社会、つまりは悟性国家から理性国家への移行において重要な役割を果たすというだけではありません。これから述べるように、コルポラツィオンはヘーゲル的国家の内部においても重要な役割を果たしています。つまりヘーゲルが描き出す理性国家とは、市民社会におけるポリツァイとコルポラツィオンを組み込んで一体化したものなのです。

ヘーゲル国家論への批判

ヘーゲルはしばしば、国家を形而上学的に正当化し、絶対視したということで批判されます。たとえばヘーゲルは、国家を「実体」と呼びますが、たしかにこれは国家が一体であり不可分であることを意味します。

さらに、ヘーゲルは講義で国家を「現実的な神」とも呼んでいます（一八二四・二五年講義、五〇〇頁=GW 26-3, 1406）。『法の哲学』序言における「理性的なものは現実的であり、現実的なものは理性的なものである」という言葉（『法の哲学』上、三四頁）はとても有名ですが、ヘーゲルがまさに現実となった理性的なものを国家の中に見ていることには疑いありません。

ヘーゲルの国家論については、当時の歴史的状況と関係して主張された有名な議論があります。ヘーゲルの「法哲学」に関する講義録を編集したイルティングという研究者は、この講義を年ごとに読み比べた結果、次のような結論に至りました。

それは、もともとヘーゲルはもっと自由主義的な考えを持っていたにもかかわらず、当時の反動的な政府による検閲を恐れて『法の哲学』ではその主張を弱め、結果として国家主義的なテキストができあがってしまった、というものです。

イルティングのこうした主張については、他の研究者からの批判もあり、今ではあまり支持されていないといっていいでしょう。しかしイルティングの指摘は、ヘーゲルが彼の時代状況の中で『法の哲学』を書き、講義を行っていたことをあらためて思い起こさせてくれます。

「理性的なものは現実的であり、現実的なものは理性的である」

筆者もイルティングのような立場をとりません。講義でのヘーゲルの自由主義的な言動と『法の哲学』の記述は、整合的に理解可能だと考えます。しかも筆者の理解では、ヘーゲルは現存する国家が無条件で正しいと考えていたわけではありません。このことを理解するためには、「現実的」という言葉の、ヘーゲル独自の意味合いを理解しなければなりません。

ヘーゲルにとって、「現実的である」ということは、存在していることと同義ではありません。ヘーゲルにとって何かが現実的であるということは、その本質（概念）が目に見える形で現れていることを意味します。ところが、存在しているもの、現象しているものの中には常に概念的ではないものもまた付きまとっているのです。

つまり、現実的なものは必ず概念を含んでいるとしても、存在しているものがすべて概念を完全に実現しているというわけではありません。実際、ヘーゲルは、「現実性」と「現象」という二つを区別しなければならないと講義で述べています。

一方で理性的であるものは、現実的でもあります。理性的なものは、現実的ではないほど無力ではありません。しかし他方で非理性的なものもまたそこに存在しています、実在します、しかしそれは現実的ではないのです。たんに実在しているだけのものは、現象しているにすぎません。現実性とは〔これとは〕まったく別のものです。（一八二四・二五年講義、五二〇頁＝GW 26-3, 1419）

「実在する」と訳されているのはエグジスティーレンexistierenというドイツ語ですが、接頭辞のex-は「外」を意味します。つまり、「実在する」とは外的に現象していることです。ヘーゲルは「実在する」ことと、「現実的である」ことは別のことだと考えているのです。

存在している国家の中には、本来の国家の「理念」、つまり概念が含まれています。私たちはそれを認識しなければなりません。理性的なものを現実的なものとして見るということは、現実をそのまま肯定するということではありません。なぜならそこには、概念には含まれていないものもまた存在し、付きまとっているからです。私たちは、存在するものを見るとき、常にそこに概念と現象との両方があることを踏まえおく必要があります。

ヘーゲルはこのような態度で物事を見ることを「概念把握する（べグライフェンbegreifen）」と表現します。存在しているものの中には必ず概念（べグリッフBegriff）、つまり真理が含まれているが、非真理も同時にそこにある。そうした非真理にとらわれずに、真理を見ることがこの概念把握では求められます。

こういうと、ヘーゲルがとても難しいことを要求しているように思われるでしょう。しかし、私たちは日常的にこうした認識の仕方をしています。たとえばヘーゲルは『大論理学』の中で次のように述べています。

不完全な植物、動物などは、しかし依然として植物、動物などである。従ってまた、不完全なものも定義の中に取り上げられているべきだとするならば、経験的な探求の中からは、それが本質的なものとみなそうとしたすべての性質が抜け落ちることになる。それらの性質を欠く奇形の諸例によってである。例えば、無脳者の例によって、自然的人間にとっての脳の本質性が、独裁的国家と専制的政府の例によって、国家にとっての生命と財産の保護の本質性が抜け落ちることになる。――事例に対して概念が主張され、事例が概念によって測られて悪しき見本と主張されるならば、概念はその証明をもはや現象の内に持つことはない。

(『論理の学Ⅲ 概念論』二五八頁=GW 12, 214)

ヘーゲルはここで「定義」について語っていますが、とりあえず概念や理念と置き換えていただいても結構です。とても難しい言い方がされていますが、いわれていることはこういうことです。私たちはたとえば、哺乳類は胎生であると考えていますが、カモノハシは卵を産みます。だからといってそれは、哺乳類が胎生であるという認識が間違っていることを意味するわけではありません。あるいは、「犬は四本足だ」と私たちは知っています。しかし、病気や怪我で三本足の犬もまた存在しているでしょう。私たちの経験の中には、このように正しいはずの命題に反するものが含まれています。しかしそのことは、「犬は四本足だ」という元の命題の内容が間違っていることを意味しません。

命題の内容は正しいにもかかわらず、現実はその内容に収まらないものを含んでいます。(通常の意味で)現実に存在しているものは、常に概念や理念から離反する可能性を持っているのです。国家もまたそうした意味で正しい理念を含んでいますが、しかし悪しき例、つまり「生命と財産の保護」を実現しない独裁的国家や専制的政府もまた存在しています。だから、私たちが独裁国家を悪い国家として見ているとき、私たちは正しいあるべき国家をそこで認識しているわけです。

ヘーゲルははっきりと「国家の理念を考えるとき、特殊な国家や特殊な制度を思い浮かべてはなりません」（一八二四・二五年講義、五〇〇頁=GW 26-3, 1406）といいます。「現実的な神」（同上）だとされるのはこの理念と一致しているとみなされる限りでの国家の側面であって、具体的な国家（たとえばヘーゲルがいたプロイセン）ではありません。国家において「現実的であるものと現象するものを区別しなければならない」（一八二四・二五年講義、五二〇頁=GW 26-3, 1419）のです。

国家からいかに個人を守るか

また、ヘーゲルの国家は「有機的国家」だともいわれます。ここで有機的というのは、生物をモデルとした全体と部分の関係を指しています。

たとえば哺乳類は、頭と胴体と手足を持っていますし、骨や筋肉、さらに胃や肝臓や腸などの臓器を持っています。そしてそれぞれの部分が、生命の維持という全体の目的のために固有の役割や機能を持っており、そうした部分を結合した全体として一個の生命体が成り立っています。

臓器は英語ではorganと呼ばれます。これはorganonという道具を意味するギリシア語から来ており、有機体は英語でorganism、ドイツ語でOrganismusといわれ、部分を道具とする全体の構造のことを意味しています。ヘーゲルは、こうした有機体のようなものとして国家を理解しています。

こうした有機的国家観も、また批判対象となってきました。なぜなら、もしそうだとするならば、国家の部分である私たち個人は、国家という全体に貢献する道具であると見なされてしまうように思われるからです。しかし、ヘーゲルのポリツァイやコルポラツィオンに関する議論を見てきた私たちは、そうした見方が非常に短絡的であることを理解することができるでしょう。

実際、ヘーゲルは、国家においては、「具体的自由」が現実となっており、「人格的個別性と特殊的利害がその完全な発展とその権利のそれ自身としての承認を（家族および市民社会の体系において）得ている」（第二六〇節）のであって、「特殊的利益は、等閑視されたり、抑圧されたりせずに普遍的なものと一致させられなければならない」（第二六一節註解）と述べています。つまり、ヘーゲルの国家においても個人は単なる手段ではないのです。

ヘーゲルがコルポラツィオンが必要だと考えたのは、ポリツァイでは個人が国家に従属することになり、個別的な利害が抑圧されかねないと考えたからでした。ヘーゲルの国家が有機的であるのは、まさに国家の一元的な権力から個人を守る審級としてのコルポラツィオンをその中に含んでいるからです。それぞれのコルポラツィオンは、発展した近代社会における分業体制において独自の機能を果たすと同時に、国家から個人を守り、所属するメンバーの利害を実現しようとします。

国家という有機体Organismusの器官・臓器Organは、コルポラツィオンのような自発的団体です。国家は一体のものであるとヘーゲルがいうとき、それはそうした多元的な自発的諸団体を含み込んだ上での一体性なのです。

議会は何を代表するのか

一方で「コルポラツィオンはとりわけ産業身分に固有である」(第二五〇節)とされています。これはコルポラツィオンとして組織されると考えられているのが、都市の商工業者だということを意味します。

コルポラツィオンが市民社会において重要な役割を果たすのは、まさにこの「産業身分」が市民社会において典型的な人々だと考えられていたからです。ヘーゲルは、この身分は「本質的に特殊的なものに向けられている」(第二五〇節)といいます。

ここで、もう一つ重要になってくる概念が「身分」と訳したシュタントStandという概念です。Standは英語のstandからも予想できると思いますが、そもそもは「立っていること」や、その姿勢・位置などを意味する言葉でした。ところが、このStandという名詞は、ドイツ語ではこの原義とは一見かけ離れて見える、身分や階級、さらには議会という意味さえも持っています。

身分・階級と議会というまったく別に思えるような意味を、このシュタントという一つの言葉が担うようになったのには理由があります。それは、フランス革命以前の議会はそれぞれの身分の代表者によって構成されるものであったからです。

とくに、シュテンデStändeという複数形で（つまり「諸身分」として）議会が表現されたことはそれが理由でしょう。さらに「議会の」という意味の形容詞はシュテンディッシュ ständischといい、このStandから派生していることがわかります。

身分と議会の両方を意味するという、このシュテンデという言葉の紛らわしさは、すでにヘーゲルが生きていた当時の議論にも問題を引き起こしていました。

ナポレオン以降のヨーロッパ秩序を決めたウィーン会議で、ドイツの領邦国家は「ドイツ連邦」という新しい国家連合を形成することになります。そこには、ナポレオンの影響下で国家の近代化を進め憲法を制定したバイエルンをはじめとする南西領邦諸国と、プロイセンのような憲法をまだ持たない領邦が含まれ、このドイツ連邦の盟主でもあるオーストリアは宰相メッテルニヒの下、とくに反動的な態度をとっていました。

このドイツ連邦の構成国は、「領邦議会体制 landständische Verfassungを実現する」というドイツ連邦規約の規定によって拘束されていました。landständischという言葉は、それぞれの領邦の議会を意味しますが、これが身分制議会を意味するのか、国民代表制議会を意味するのかが曖昧でした。そこで身分と議会の両方を意味する、このStändeという言葉の紛らわしさが政治的駆け引きの道具となるのです。

すでに国家制度の近代化を遂げていた南西ドイツ諸邦は、旧身分制議会が再生するのを警戒していました。それに対し、オーストリアは圧力を強め、宰相メッテルニヒのブレインであったゲンツは「身分制議会体制と代議制体制の違いについて」[*59]というパンフレットを発表します。

彼はそこで、「古い身分制議会体制だけが連邦規約に合致するのであって、身分制議会の構成員は自分たちの身分を代表するのであり、決して国民全体を代表するのではない」[*60]と主張します。つまり、ドイツ連邦規約の領邦議会体制landständische Verfassungは、Ständeつまり身分を代表する議会を意味するのだと主張しました。ständischとはもともと身分的という意味なのだから、この規定も身分制議会のことを述べているのだというのです。

従来の議会における最も重要な主題は、課税でした。つまり、国王や君主はとくに新たな税金を導入するにあたって、臣民の意見を聴き、合意を得る必要があったわけです。その際、議会は今日のように国民すべての中から選ばれるのではなく、それぞれの身分から選ばれていました。日したがって議会は身分ごとに、つまりシュテンデStändeに分かれて構成されていたのです。

本で衆議院と参議院が、あるいは英国や米国で上院と下院が別れているのはその名残です。

フランス革命以前のフランスにおける三部会は有名でしょう。この三部会は三つの身分、つまり聖職者・貴族・平民に分かれた身分制の議会でした。ドイツ語ではこのフランスの三部会のことを一般議会（ゲネラルシュテンデGeneralstände）と呼びます。一六一五年からフランス革命直前までこの三部会は開かれていませんでしたが、財政危機のために新たに課税しようとしたルイ一六世は三部会の招集を迫られ、そしてこれがフランス革命の引き金になります。

聖職者、貴族と並んで三部会を構成した平民は「第三身分」と呼ばれました。一七八九年に三部会が招集されると、すぐに膠着《こうちゃく》状態となりますが、政治家であり自身も聖職者でもあったシィエスは「第三身分とは何か」で、「第三身分は一身分ではない、そしてこの第三身分による議会は、特定の身分や階級ではなく、国民を代表しているのだ」と主張し、[*61]「国民議会」成立のきっかけとなりました。「第三身分」を明らかにするという体《てい》をとりながら、その基礎となっている身分という考え方をいわば脱構築したといえます。

フランス革命は、議会を身分の代表ではなく、国民の代表機関とする政治的出来事でもあったのです。

三つの身分概念

さて、ヘーゲルもまた『法の哲学』で、自分の国家の中に議会を位置づけていますが、これは「身分制議会」と見ることができます。そうするとまた、コルポラツィオンのときに話題にしたのと同じ疑問が浮かびそうです。

つまり、ヘーゲルは結局、フランス革命以前の旧体制を望ましいと考えていたのではないかという疑問です。これに答えるためにはヘーゲルがまず「身分」という概念で何を考えていたのかを見ないといけません。そのために私たちは、もう一度「市民社会」章に引き戻されることになります。

ヘーゲルの特徴であり、不幸だったのは彼が新しいことをいおうとするときに古い言葉を用いてしまったことです。先に論じたコルポラツィオンもそうでした。一九世紀半ばにはフランス語から「アソツィアツィオン Assoziation（アソシエーション）」という言葉がドイツにも入ってきて、マルクスも将来の社会組織を描く際にこの言葉を用いますが、[*62] ヘーゲルがもしコルポラツィオンではなく、アソツィアツィオンという言葉を用いていれば、当時や、のちの人たちの受け止め方も大きく変わっていたでしょう。

同じことはこの身分概念にもいえます。ヘーゲルは身分は生まれによるものではなく、その人の選択した職業によって区分されると考えていました。したがって、ヘーゲルがこの語で表現しようとしていたのは、ドイツ語的にも日本語的にも身分という言葉で現代の私たちが思い浮かべるのとは大きく異なったものでした。

ヘーゲルがこの身分という概念を、「市民社会」章において扱っているという事実はとても重要です。なぜなら、「市民社会」章はまさに経済という社会領域を扱っている章だからです。すでにこの位置づけが、ヘーゲルが身分という言葉で、(たとえば『フランス革命についての省察』〔バーク 二〇二〇〕でフランス革命を批判したイギリスのバークのように)古い身分秩序の維持や再興を目指したのではないことを示しています。

ヘーゲルにとっての身分は、シィエスにおいてそうであったような政治的な概念でもありませんでした。それは第一義的には、むしろ経済的な概念です。ヘーゲルは身分を三つに分けています。

第一の身分は、「実体的直接的身分」と呼ばれます(第二〇三節)。「直接的」というのは、この場合自然=土地と結びついていることを意味します。つまり、農業によって生計を立てている人々ですが、そこにはいわゆる農民はもちろん、土地を持ち農場を経営する土地貴族も含まれます。

第二の身分は、「反省的形式的身分」と呼ばれます(第二〇四節)。これは、第一の身分が生み出した自然物に労働を加える人々を指します。つまり、職人、工場労働者であり、生産物を消費者に届ける商人もそこに含まれます。第一の身分がいわば田舎に住む人々だとすれば、反省的身分に属する人々は都市に住む人々と見ることができるでしょう。

この階級は、自然から切り離され、資本主義を成り立たせている階層として、「媒介的身分」とも呼ばれます。三つの身分の区分はそれ自体、市民社会における区分ではありますが、この反省的身分自体が市民社会に典型的な身分なのです。

第三の身分は「普遍的身分」（第二〇五節）です。この身分に属する人々は普遍的利害を実現するために働きます。ここで考えられているのは官僚であり、軍人であり、そしてまた君主でもあります（前二者が国家による給与によって養われるのに対して、後者は自分の財産で養われているという点にヘーゲルは区別を見出しています）。以上を表にしてみると次のようになります。

実体的直接的身分	農民・土地貴族	個別	家族
反省的形式的身分	職人、工場労働者、商人	特殊	市民社会
普遍的身分	官僚、軍人（＋君主）	普遍	国家

ヘーゲルのこうした三つの身分概念は、それ自体「家族」章、「市民社会」章、「国家」章とい

う「人倫」の部が扱う三つの領域に対応しています。

市民社会の典型的身分が商工業者であることはこれまでの議論から明らかだと思いますが、ヘーゲルが「家族」章で扱っている内容が農業従事者や土地所有者といった土地に結びついた生業を行う人々を含むものであることは研究でも指摘されています。そしてなによりも、ヘーゲル的な第三身分、官僚たちは国家に特有な普遍的身分として位置づけられています。

前提としてのプラトンの議論

このヘーゲルの身分論を見て、哲学史に詳しい方はプラトンに類似した議論があることを思い起こされるでしょう。

プラトンは、人間の心には理知的部分・気概的部分・欲望的部分という三つの部分があるとして、その類比のもとで、国家にも支配者身分・戦士身分・生産者身分（それぞれ通常の翻訳では階級と呼ばれていますが、あえてここでは身分と訳します）という身分制を考えていました。そしてこのそれぞれに、知恵・勇気・節制という徳があり、この三つの徳のバランスがとれていることが正義だとされていました。*63

ヘーゲルが身分を考えるときに、このプラトンの議論を念頭に置いていたことは大いにあり得ます。しかしヘーゲルは、これを近代社会に適ったものにしなければならないと考えました。そこで依拠したのが市民社会における人々の生業の違いです。

フーコーは、統治性を論じる中でテュルケ・ド・マイエルヌという人の一六一一年の著作『貴族民主主義的君主制』に言及しながら、「ポリス〔ポリツァイ〕にとって重要なのは貴族と庶民の区別、つまり身分の区別ではなく、職業の違いだ」（フーコー『安全・領土・人口』三九八頁 = 329）と述べましたが、まさにヘーゲルのいう身分とはそうした職業の違いを示す概念なのです。[*64]

さらに興味深いのは、ヘーゲルが「道徳はその固有の場所をこの圏域〔つまり身分〕のうちに持つ」と述べている点です。コルポラツィオンにおいていわれていたのと同様に、これらの身分に属する人々も、その身分の中で自らの社会における役割について承認を得、「誠実さと身分上の誇り」（第二〇七節）を身に付けるといいます。ヘーゲルは、近代国家においても、人々はそれぞれの身分に応じた徳を身に付けると考えていました。

このように、ヘーゲルの身分概念は、それぞれの人が何を生業にしているのかにもとづいています。さらにヘーゲルは、そうした職業身分は個人によって選択されるものであり、生まれ（あるいはプラトンのように統治者の決定）にもとづくものではないと考えています。当時のヨーロッパ社会では、農業従事者はもちろん商工業者も世襲にもとづくことが多かっただろうと容易に推測できますが、原理的にはそれに縛られるものではないとヘーゲルは考えていたわけです。

普遍的身分としての官僚

とくにそうした性質が強く表れていたのが、第三の普遍的身分です。この身分は、「能力を証明すること」によってしか、そのメンバーになることができません。

ヘーゲルの国家論はしばしば、既存のプロイセン国家を下敷きにしていると批判されます。私自身はそうした見方は不十分だと考えていますが、官僚に普遍的身分として大きな位置づけが与えられている点については、当時のプロイセン国家を反映したものであったということができるでしょう。

啓蒙専制君主として知られるフリードリヒ大王以降、プロイセンにおいて官僚制が発達し、官僚主導で上からの近代化、市場化が進められたことはフランスと大きく異なるドイツ近代化の特徴としてよく指摘されますし（また、それがナチスドイツの土壌になったという指摘もあります）、歴史家のフィーアハウスが指摘しているように、プロイセンの官僚は一八世紀には官房学（つまりポリツァイ学）を学び、「地域的・身分的な差異をこえ、君主個人をもこえて『国家』に仕える意識を涵養され」[*65]た階層として成立していました。

ヘーゲルは、官僚を「中間身分Mittelstand」とも呼びますが、それは政府と民衆とをつなぐ中間であることを意味します。

つまり官僚は、「教養ある知性」と「国民大衆の公正な意識」をどちらも持ち合わせていなければならないのであり、「貴族の孤立した立場を取ることなく、教養と技能が恣意と支配の手段にならないようにする」（第二九七節）役目を負っています。今日の現状を見れば過剰な期待といえそうですが、ヘーゲルは期待も込めて官僚に将来あるべき国家の重要な構成要素を見出したといってもいいでしょう。

しかし、ヘーゲルは単に普遍的身分としての官僚だけに国家を託していたわけではありません。重要なのは、ここまで見てきた三つの身分によって、つまりそれぞれの人々が何を生業の基礎にしているかによって利害が異なると考えていたことです。したがって、それぞれの利害を代表する者により国家の方針に影響が与えられなければならない、というのがヘーゲルのコンセプトなのです。

身分によらず国民全体を代表する議会では不十分であるというだけでなく、とくに少数者の利害が無視され、抑圧されてしまいかねないとヘーゲルは考えたのです。

三つの権力――君主権・執行権・立法権

それでは、ヘーゲルの提示する国家構造を具体的に見て行くことにしましょう。これまでも見てきたように、ヘーゲルは、『法の哲学』の第三部「人倫」の最後の第三章に「国家」を位置づけています。さらに「国家」章では「A．内的国家法」、「B．外的国家法」「C．世界史」が扱われます。

そこから気づかれるのは、ヘーゲルは「世界史」を国家論の一部と考えていたということです。また、「外的国家法」で扱われているのは、今でいう国際関係、あるいは国際法の領域です。ここでは「内的国家法」、その中でも「国内体制」論を検討することとしたいと思います。まさにそこで、ヘーゲルの考える有機的国家の構造が明らかとなります。

「国内体制」は正しくは、「国内体制それ自体 Innere Verfassung für sich」と呼ばれています。Verfassungは、英語のconstitutionと同様、国家の構造である「国制」と同時に「憲法」をも意味する言葉です。für sich は「対自的」と訳されることもある言葉で、ここでは国制を、他との関係から切り離して自立したものと考えるということで「それ自体」と訳しました。

まず、ヘーゲルが『法の哲学』で構想する国家は、立憲国家、つまり憲法を持つ国家であり、憲法に従って国の制度的枠組みが確定されているような国家だといえます。

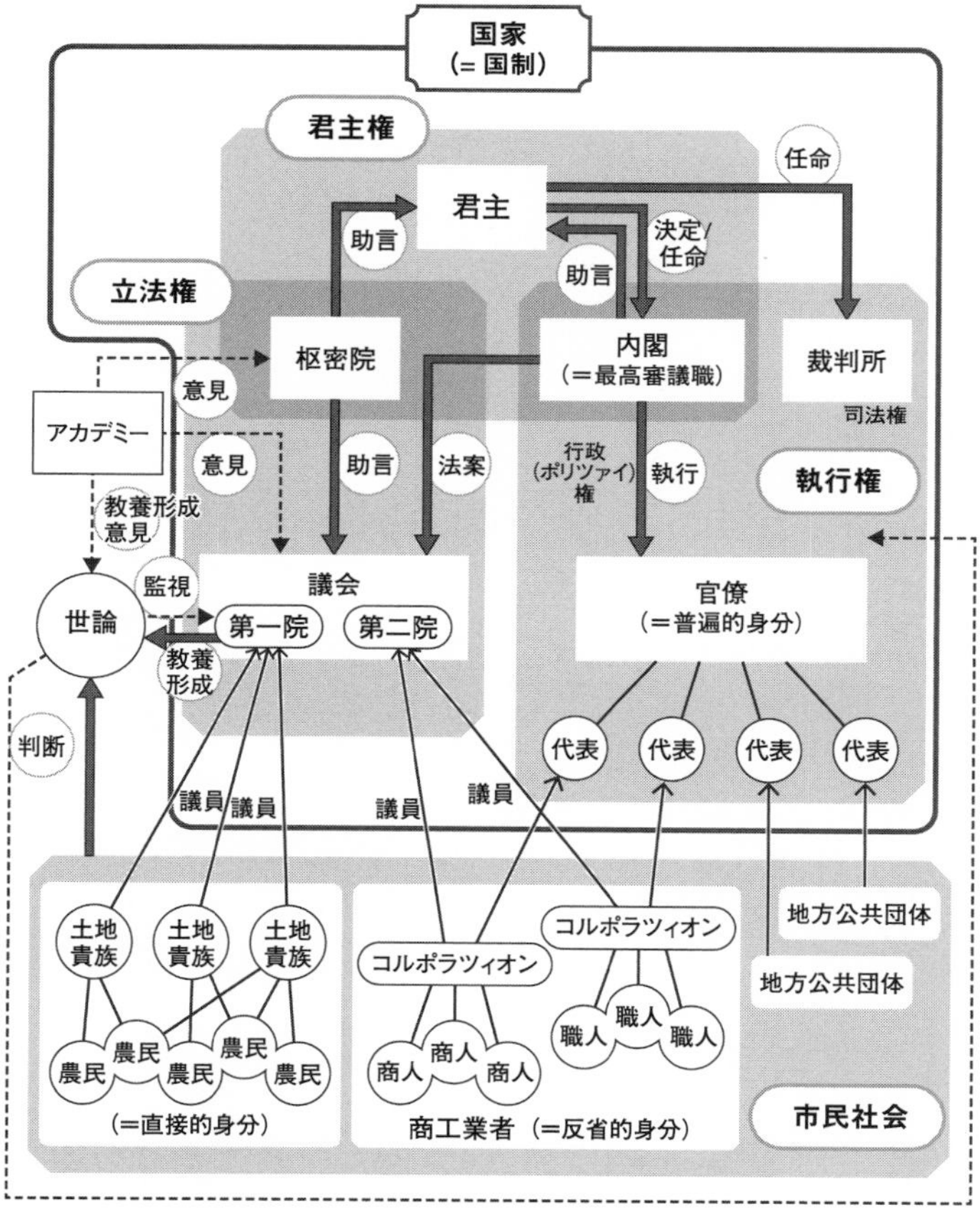

ヘーゲルが考えた国内体制の形

ヘーゲルがここで描く国内体制を図にしたのが右の図です。ヘーゲルの国家は立憲君主制の国家です。つまり、ヘーゲルの考える国家には君主がいます。さらにそれは三つの権力に分かれています。だから三権分立といってもいいのですが、これには二つの留保が必要です。

一つは、この三権は私たちになじみの、立法・行政・司法の三権ではありません。ヘーゲルは君主権・執行権・立法権の三つを置いています。では司法権はどこにあるかというと、執行権の中に含まれています。これは、行政も司法も、確定された法を現実化することに関わるとヘーゲルが考えていたからです。

立法の過程をヘーゲルがどう考えていたのかはあとで見たいと思いますが、一般的な法律の規定を具体的なものにあてはめる役割は、行政と司法のどちらもが果たしていると見ることができます。そのため、それらをまとめて執行権としているのです。そして、図で行政権と記したものを、ヘーゲルは「polizeiliche Gewalt」、つまり「ポリツァイ権」と呼んでいます。このようにヘーゲルは「市民社会」章で論じたポリツァイを国家に組み込んでいるのです。

三権分立に対するもう一つの留保は、今の点にも関わっています。それはモンテスキューの三権分立論とは違って、むしろ三つの権力の一体性が強調されているという点です。市民社会の分裂を乗り越えたはずの国家においては、普遍と個別が一致していなければなりません。このことは、先の三権のそれぞれにも独特の性格を与えています。

以下で見ていくように、これらの三権は厳密な意味で独立しておらず、むしろそれぞれが他の権力を含みあっているような関係にあります。したがって、三権とはいっても、それぞれの権力の中心的な機構がその機能を果たす際には、他の機構を必要とし、一体のものとして働くと見なされるのです。

君主とは誰のことか

こうした特殊な三権の理解は、第一の権力である君主権にはっきり現れています。君主権は君主だけで成り立っているわけではありませんが、とはいっても最も重要な役割を果たすのはもちろん君主ですから、まずは君主の役割を見ていきましょう。

先にヘーゲルの考えている国家は、立憲君主制の国だといいました。立憲君主制であるということは、君主は憲法のもとで一定の機能を果たすものとして位置づけられているということです。ヘーゲルの君主の説明も機能主義的なものということができます。ただし、その議論は抽象的です。

君主は、まず国家に統一を与える「一性」[*66]としての機能を持ちます。国家が、以下で論じるように多様な部分を持っているにもかかわらず、その一体性が担保されるのは、ヘーゲルによればこの君主によってです。それは、カントが『純粋理性批判』において述べた「純粋統覚」としての自我に喩えることができるでしょう。

カントは、私たちの認識とそれによる経験の最高の根拠は「私」の統一であると考えました。私は「空の青さ」、「花の香り」、「土のぬかるみ」など様々なものを経験します。しかしこれらの経験は、いずれも「私の」経験でなければなりません。通常、私たちは「空が青い」、「花のいい香りがする」、「土がぬかるむ」などといいますが、そのいずれにも「……と私は考える」が省略されていると考えられます。

私たちの経験にこうした統一を与える「私」のことを、カントは純粋統覚と呼びます。この統覚は、認識と経験的世界の最高の根拠ではありますが、多様な現実そのものをつくり出しているわけではありません。それはただ、多様な現実の経験がばらばらにならないことを保証する機能を果たすに過ぎないのです。ヘーゲルにとって君主は、まさにそうした一体性を与える機能を果たすものでした。

しかしまた、君主は家族が持っていた自然性、直接性を国家において体現するものでもあります。市民社会における身分に直接的身分として農民が組み込まれていたように、ここでは世襲君主という形で自然性が国家に取り込まれています。それゆえヘーゲルは、君主は「世襲」でなければならないといいます。

君主は世襲でなければならないとしていることを考えると、大統領制はヘーゲルによって否定されていると考えられます。しかし統一という機能だけを考えるならば、世襲である必要もなければ、むしろ誰でもいいはずで、そこからヘーゲルの君主制は大統領制も含んでいると主張する人もいます。

君主と主権

ヘーゲルの国家において主権者は君主です。ヘーゲルはなんと、「人民主権」という考えは「混乱した思想」であるといって批判します。しかしそれは、実質的に主張されているというよりは、単に言葉の定義の問題としてです。つまり、主権（Souveränität/sovereignty）という言葉は、他に対して際だって高次にあることを意味するsouverainというフランス語から来ていますから、人民主権は、その国に属する全員が他よりも高次であることを意味し、語義矛盾だというわけです。ヘーゲルは「君主なき人民」は「形式なき塊（群れ／群衆Masse）」（第二七九節註解）だとまでいいますが、それは多である人民に対して君主が統一＝「一性」として初めて国家に一体性を与えるのだという理解に即しているからです。逆にいえば、現在では一般的となった人民主権という考えは、こうした統一を与える卓越者を必要としない形で、主権という概念そのものを脱構築するものであったともいえるでしょう。

そもそもの意味合いが解体されて正反対のものに転換するという逆説的ロジックはヘーゲルが好んだものですが、ここでヘーゲルはヘーゲルらしくない仕方で、主権の持つ至高性という意味に固執してしまっています。

このように、主権者としての君主に属するのは、国家の一体性を保証し、国家が何を決定したのかを主体として保証する機能です。君主は最後に「我意志す」と述べることで、決定にお墨付きを与えます。ただし、ヘーゲルはそこで君主に判断する余地をほとんど与えていません。君主は「『はい』と答え、〔アルファベットの〕ｉに点を打つ人間」（一八二二・二三年講義Ⅱ、四六八頁＝GW 26-2, 1015）[*67]だというのです。

ヘーゲルの考える君主権において、決定されるべき内容は議会や官僚や内閣によって審議を経て君主に提示されます。内政に関して君主が実質的な決定権を持ちうるのは、おそらく、審議を経た選択肢のどちらかを支持する合理的な決定要素がないような場合に限られていると考えられます。

こうしたいわば無力化された君主の規定が当時の国王にどう受け止められたかが気になるところですが、じつはこのことをわざわざ国王に告げ口した人がいました。

それはＫ・Ｅ・シューバルトという古典学者で、一八二九年に『哲学一般、特にヘーゲルのエンチュクロペディについて、後者の評価のための一寄与』という著作でヘーゲル哲学を厳しく批判した人でした。[*68]

彼は当時のプロイセン国王に、ヘーゲル哲学が君主制に反対し、宗教と道徳をおとしめているという訴えを提出します。君主が具体的にヘーゲルが何を述べているのかを尋ねるとシューバルトは、「君主は、iに点を打つ人だといっている」と答えたそうです。ところが王はまったく意に介さず「それで、もし君主がそれをしなかったらどうなる？」と返答したといわれています。シューバルトはヘーゲル学派の影響力を削ごう、あわよくば政治的に駆逐しようと思ったのでしょうが、その試みはうまくいきませんでした。[*69]ヘーゲルの『法の哲学』はよくプロイセン国家におもねっていると批判されてきましたが、このエピソードは、逆にヘーゲルが反プロイセン的であると考えていた人たちもいたことを物語っています。

複合的な君主権

したがって、ヘーゲルの国家において主権者は君主ですが、国内体制における君主権は君主だけからなるわけではありません。ヘーゲルは、三つのものが君主権を構成しているといい、それぞれに「個別」「特殊」「普遍」という、ヘーゲルが概念について行う区別を対応づけています。

第一に、「個別」の要素に対応するのは君主自身です。すでに見たように君主は「一」であるという単純な形式であり、「我、意志す」という決定を最後に行うものでした。第二の要素は、この決定の内容の側面に関わり、「特殊」に該当します。特殊であるということは、特定の内容を持っているということです。

君主自身に特定の内容を検討する権限はありませんでした。君主は内容にかかわらず、ただ「はい」と述べ、サインをすることによって決定を行うに過ぎません。それに対して、君主が決定すべき内容を検討し、君主に提案するのがこの要素の役割です。

ヘーゲルはこれを「最高審議職およびその諸個人」と呼んでおり、彼らは「発生している国家的案件の内容、あるいは現存する欲求〔国民のニーズ〕に基づいて必要となってくる法律的諸規定の内容を、それらの客観的側面、決定根拠、およびそれに関する法律、事情などとともに、決定のために君主の御前に提示する」（第二八三節）のが役目だとしています。

つまり彼らは、なぜそうした決定が君主によって、国家によってなされなければならないのかを君主に対して説明する役目を負っています。

『法の哲学』では、こうした「最高審議職」がどういう職なのかに触れられていませんが、講義では「内閣Ministerium」と「枢密院Staasrat」が挙げられています。

それによれば内閣とは「実行権ないし執行権の頂点で特殊な重要事項の決定にあたる」（一八

一七・一八年講義、二二五頁=GW 26-1, 175）とされており、厳密には執行権に属するものと考えるべきでしょう。しかし、この執行権の最高機関が同時に、君主の決定に助言を与える、もしくは実質的な内容を決定する機関として、君主権の重要な構成要素となっているのです。

それに対して、枢密院は議会とは異なりますが、立法権に関わるものとして位置づけられています。「より一般的なそして法律としての普遍的な案件を起案し審議する」（一八一七・一八年講義、二二五頁=GW 26-1, 175）機関です。別の箇所でこの枢密院は、「立法権に提出されている法案を審議しなければならないのであり、それゆえ決定権力を持たない」（一八一七・一八年講義、二二九頁=GW 26-1, 178）といわれています。おそらくは、現在の日本の内閣法制局のように、法的整合性の観点から、審議されている法律について検討を行う機関として想定されていたのでしょう。

つまり、君主権の決定の具体的な内容面を担うのは、この君主を取り巻く審議機関の人々です。そこから一見奇妙な帰結をヘーゲルは引き出します。それは、君主は自分の決定に説明責任を負わないという主張です。理由を説明する責任を引き受けるのは、内閣や枢密院なのであって、君主の決定にはいわば理由はなく、ただ提示されたことに対して「はい」を述べることでしかない。だから君主は説明責任を負わないのです（第二八四節）。

君主権の第三の要素は「普遍」に対応します。ヘーゲルはこの要素をさらに二つに分けています。一つ目は君主の良心です。君主は、個人でありながらもその内面に「普遍」を持ち合わせており、その普遍的な原則に照らして自分の決定について判断しなければなりません。「はい」をいうだけであるにもかかわらず、やはり単なるロボットではなく、その都度の決定を自らの良心に照らして判断しなければならないというのです。ではその良心に照らして君主が決定を拒否したときにどうなるのかについては、ヘーゲルは何も述べていません。

もう一つは、国制全体です。つまり、執行権、立法権も含めて組織化された憲法体制全体と、この国家を拘束している法律一般です。君主の決定は法律に従って、組織された憲法体制の中で行われます。それゆえに、「他の諸契機〔権力〕のどれもが君主権を前提しているのと同様に、君主権は他の諸契機を前提としている」（第二八五節）のです。

このようにヘーゲルの国家は君主制国家ですが、君主権は国制（憲法）の中で機能の面から位置づけられています。

議会が普遍と個別を媒介する

さて、ヘーゲルが君主権の次に論じるのは執行権ですが、ここではヘーゲルの順序をひっくり返して、先に紹介した身分との関係でわかりやすい立法権を二番目に扱うことにしましょう。

ヘーゲルは議会制度を支持していますが、しかし議会だけが立法権に関わるわけではないと考えています。第一に、ヘーゲルは政府も立法に関わらなければならないと考えており、その点で統治機関を立法府から締め出したフランスの憲法制定議会を批判し、イギリスの議院内閣制をより望ましいものとして評価しています（第三〇〇節補遺）。

そして第二に、立法される法律は君主によって承認されなければなりません。しかし、この承認はここでも形式的なものにとどまります。

君主権が国制の全体を一つの要素として持ち合わせていたように、立法権もまた単に議会だけでなく、君主権（個別）と執行権（特殊）を含んだものでもあります。

もちろん、狭義での立法権は議会に属します。すでに確認したように、この議会は当時議論されていたような、そして今私たちの常識となっているような国民代表制ではありません。国民代表制とはこの場合、議会が議員の出身身分によって区別されておらず、国会が国民全体を代表すると見なされていることを意味します。

その意味で、ヘーゲルが考えていた身分にもとづく議会は、ヨーロッパの再保守化を指導していたオーストリアの宰相メッテルニヒが考えていた線に沿っていたように見えます。しかしヘーゲルの身分制議会はメッテルニヒのブレイン、ゲンツが主張していたような旧来の封建的身分制にもとづく身分制議会ではありませんでした。

ヘーゲルは次のように述べます。

議会的要素は、普遍的案件が単に即自的にのみならず、また対自的にも実在するようになるという規定、すなわち主観的な形式的自由の契機、つまり多数者の見解と思想である経験的普遍性としての公共的意識がそこにおいて現存在するようになるという規定をもっている。（第三〇一節）

ここに普遍と個別との媒介という、「市民社会」章で見たヘーゲルの基本的な問題意識が表れているのを見て取ることができるでしょう。議会とはまさに、その構成員が「多数者」である「人民」から選ばれ、その意味で「市民」として主観的自由を享受しながらも公共的な事柄に関わろうとする人々のための場であり、普段は自らの利益のために活動する市民が公共的意識を育みつつ、普遍と個別を媒介しようとする場こそが議会であるということができます。

ヘーゲルは、国家を構成する市民が何を望んでいるのかは、「即自的」、つまり潜在的であると考えていました。市民は自分たちが何を求めているのか、何が自分たちにとって幸福であるのかを必ずしも明確には理解しておらず、そこで議会において市民は、自分たちの代表者を通じて、自分たちが何を求めているのかを知るようになるというわけです。

ヘーゲルはこれによって、「君主権が極として孤立し、それによって単なる支配権力や恣意として現れるということもなく、また自治体、コルポラツィオンおよび諸個人の特殊な利害が孤立することもなく、それどころかまた個々人が、ひとかたまりの集合や寄せ集めとして現れることにもならず、それゆえに非有機的であるような思い込みや意志となり、有機的国家に対抗する単なる大衆的な暴力となることもな」（第三〇二節）くなるといいます。

つまり、議会を通じて国民は支配者と媒介されるのであり、それは同時に国民が、フランス革命の際のペーベルのように熱狂的暴力へと駆り立てられるのを、抑制することになるというのです。

ヘーゲルの「身分制議会」

では、具体的にヘーゲルはどのような身分制議会を考えていたのでしょうか。それは二院制の議会であり、第一院（上院）と第二院（下院）が、それぞれ農業にたずさわる実体的直接的身分と、商工業に関わる反省的形式的身分に割り当てられています。

ヘーゲルはこうした身分制議会という考え方は「私人という身分は立法権において普遍的なことがらに参与するように昇格させられるのだから〔略〕私人という身分は個々人という形で登場しなければならないという通説」（第三〇三節註解）と対立するものだと述べています。

この点はとくに重要です。私たちは、議会を構成する議員は個人として選出され、個人として議会に属していると考えます。しかし、ヘーゲルはそれを通説として退け、議会は身分を代表すべきだというのです。

さらに、そのように組織化されていない「専制国家には君主と奴隷しかいない。もしそこで今国民が行動することがあるとすれば、それは〔国家の有機〕組織を破壊する大衆としてでしかない」（一八二二・二三年講義Ⅱ、四九一頁=GW 26-2, 1028、第三〇二節補遺も参照）とまでいいます。ヘーゲルがここで専制国家として念頭に置いているのは、絶対王政です。それに対して国民が行動したとき、「形式を欠いた大衆の運動と行為は、原始的で、理性を欠いた、野蛮で恐ろしいものとなるだろう」（第三〇三節註解）とされ、だからこそ専制国家は避けなければなりません。

これまで見たように、ヘーゲルは市民社会において人々は合理的に組織化されることになると考えていました。そうした組織を再び解体して議会を構成するよりは、組織を基盤としてそれを代表させる議会のほうが適切だというわけです。

ここで背景にあるのは、市民社会においては人々の生業によって利害が異なっているため、その生業にしたがった代表制のほうが、全体を区別なく代表した議会よりも適切に市民社会における特殊な利害を代表することができるという考えです。

実際ヘーゲルは、それぞれの身分が別々のものを代表しており、それゆえにまたその代表のあり方も別々であるべきだと考えました。

政治的自立性の条件

第一院を構成する直接的身分は、農民や土地貴族といった、農業という生業と関係する身分でした。ヘーゲルはこの身分は、直接性という点で「君主的要素が含んでいる自然的規定を君主的要素と共有」（第三〇五節）しているといいます。

先に見たように、君主が世襲なのは直接的自然的要素も国家の中に必要だとヘーゲルが考えていたからでした。立法権の中にもその直接性は含まれていなければならないというわけです。

とはいえ、農民と土地貴族とではずいぶん違うのではないかと思われるでしょう。残念ながら、ヘーゲルがここで直接的身分を議会で代表できると考えていたのは大土地所有者に限られており、そこに小土地所有者や小作農は含まれていません（第三〇五節、一八二四・二五年講義、五六九～五七〇頁＝GW 26-3, 1456）。

それは、ヘーゲルによれば土地貴族が「政治的関係として構成されることがそれ自身だけで可能である」（第三〇五節）階層だからです。これはとても反動的な主張に見えますが、ここで興味深いのは、土地貴族の経済的な独立性をヘーゲルが強調している点です。

大土地所有者は自らが所有する土地に経済的土台を有しているがゆえに、「生業の不安定さ、利得欲や占有の変化一般から独立して」（第三〇六節）おり、君主に媚《こ》びることも、そして経済的動向にも左右されることなく、政治的な判断を行うことができるといいます。さらに、その直接性がゆえに、大土地所有者は自らの身分への誇りから、「王位と社会の支えとなる」（第三〇七節）ことができるというのです。

ヘーゲルは、議員は一方で自分の出身身分の（特殊な）利害を代表するけれども、同時に他方では普遍性への意識も身に付けていなければならないと考えていました。それが、ヘーゲルがこの第一院の議員を大土地所有者に限定する理由です。今日から見れば大いに問題があるといわざるを得ないでしょう。ただし、別の身分についても見ていきますが、普遍性への感受性を持たない政治家のあふれている現代の状況を見るならば、その懸念も根拠がないわけではないと感じられます。

いずれにしても土地を所有することによって、土地貴族はこうした政治的特権を得ることになりますが、ヘーゲルは「それ以外の特権や封建的権利を享受するわけではない」（一八一七・一八年講義、二五三頁＝GW 26-1, 198）と釘を刺しており、さらにそれゆえに土地貴族には通常の商業活動を禁じています。土地貴族には、こうして政治的特権を得る代わりに「一般市民権を断念するという犠牲」（同、二五五頁＝GW 26-1, 199）が求められるのです。

そして、ヘーゲルはここで、立法権の議論からさらに踏み込んで民法的規定について述べ始めます。それは土地所有者において財産は長子相続を原則にするというものです。土地所有者は、自由に財産を処分することができず、「子どもたちに対する愛の平等さにしたがって全所有物を彼らに譲渡するという、他の市民の持つ権利を欠いている」（第三〇六節）といいます。

こうしたヘーゲルの第一院に関する見解は、私たちから見たらひどく非民主的なもののように見えます。おそらく、これを受け入れられる人は少数でしょう。しかし、ヘーゲルのこうした前時代性について判断するには、当時のプロイセンの産業構造が、そして農業のあり方が現代と大きく異なっていたこともまた考慮に入れる必要があるでしょう。

ヘーゲルのいたプロイセンのとくに東方は、遅れた農業地帯であり、古くからの権力関係がまだ温存され、領主Gutsherrと呼ばれる大土地所有者たちは、独自の裁判権まで有していました。[*70]ヘーゲルはそうした状況を踏まえて、ここでの議論を展開していたといえるでしょう。しかし他方で、ヘーゲルは大土地所有者が封建貴族ではないことを強調しており、じつは「貴族とも、非貴族とも呼ばれうるのであり、どちらでもいい」のだと講義では述べています（一八二四・二五年講義、五七一頁=GW 26-3, 1457）。

土地所有者が持つこうした特権性は、ヘーゲルの理解の限りでは封建的な伝統から来るものではなく、土地と結びついた生業から来るものです。どんなに工業化が進んだ社会でも、誰かが食料をつくってくれなければ、私たちは生き延びることができません。その限りで、必ず農業従事者は必要ですし、その利害が国家において代表される必要があります。そうした分業体制とそれにもとづいて形成される意識とが、土地所有者の特権性を正当化するものだと考えられています。

持たざる者の利害をいかに代表するか

ここでもちろん問題となるのは、小作農の利害がどのようにして代表されるのかです。土地貴族と小作農の利害が異なることは容易に推測できるでしょう。ヘーゲルは、第一身分の「直接性」というコンセプトにこだわり、家族による世襲と土地所有によってその直接性を担保したために、本来多数を占めるはずの一般農民の利害を議会のあり方から排除してしまうことになったように見えます。

ところが講義の中では、ヘーゲルが農民を次に見る第二院の構成員として挙げている箇所があります（一八二二・二三年講義Ⅱ、四九七頁=GW 26-2, 1032）。[*71] そうなるとよりはっきりとこの二つの議会は、貴族院と庶民院という、（ヘーゲルのいう身分とは異なる）伝統的な身分に対応しているということになります。

現在では、当時のプロイセンのような前近代的大土地所有は解体されました。そこからさらに、農業の資本主義化が進み、企業による大規模な土地所有が進んでいます。ヘーゲルもまたイギリスの産業革命時の囲い込みによって、農業が工場と同じようになってしまったことを嘆いています。

この〔農業〕身分は、信仰と信頼を特徴とし、自分の父祖伝来の土地を守り、その〔生活〕状況は、市民社会のこうした変化や大胆さを被ることなく安定しています。〔略〕その生計は保障されており、それ以上のことに思いをめぐらすこともなく、飽くことなく利益を求めるなどということはこの身分には無縁です。〔略〕しかし、この点で近年大きな変化が起こっています。英国では、土地もまた工場生産の材料のように用いられなければならない材料と見なされ、人々は土地を改良し、生産量をますます増やそうとしています。したがって、イギリスには、例えば南ドイツにいるような農民は見出されません。南ドイツではすでに何百年も前から農民は自営農ですが、イギリスには小作人しかいません。（一八二四・二五年講義、四〇二頁=GW 26-3, 1333-1334）

現代の日本でも農業の企業化が進みつつあり、こうした動向と無関係ではありません。もし土地との結びつきも、企業化とともに市民社会の「欲求の体系」の中に組み込まれてしまうのだとしたら、ヘーゲルが農民や土地貴族に見出していた実直な心情や、市民社会に対する独立性――それは、土地貴族がそれだけで一つの議院を構成する理由でした――などもう誰も持たないのだということになるでしょう。

市民社会を代表する議会のあり方

第一院の構成員が土地と結びついた独立性と安定性を体現していたとするならば、第二院、つまり反省的身分の議会は「市民社会の動的側面が属して」います。したがって第二院は商工業者によって構成される議会です。その議員は、「市民社会から選出される」のですが、これも私たちが通常のものとして理解しているような「選挙」によって選出されるのではありません（第三〇八節）。

市民社会が、ただばらばらの個人の集積ではなく、その利害によって組織化されているというヘーゲルの認識は、ここで重要な政治的意味を持つことになります。なぜなら、この議会の議員の選出母胎は市民社会全体ではなく、その中で細分化されたコルポラツィオンだからです。

ヘーゲルは諸団体に細分化されていることこそ、「それがもともとそうであるところのものとしての」（第三〇八節）の市民社会のあり方だといいます。したがって、この議会は、様々な職業団体の代表が集まる議会です。

しかしまた、ヘーゲルがこの議会に代表を送ることができるとしているのはコルポラツィオンだけではありません。ヘーゲルはゲノッセンシャフトGenossenschaftやゲマインデGemeindeという言葉も挙げています。これらでヘーゲルが何を具体的に考えていたのかははっきりと述べられてはいないのですが、ゲノッセンシャフトは商工業者以外の団体を、ゲマインデは村や市といった地方公共団体を指すと考えていいでしょう。

このように市民社会が有機的に組織化され、細分化されているからこそ、第二院は市民社会における各種団体を代表するものでなければならないのです。これは先に見たように、当時求められていた国民代表制に対するヘーゲルの代案だということができます。

ヘーゲルがこうした団体代表制の議会を考えていたのは、団体の特殊な利害を立法において実現させるためだけではありません。それではただ特殊な利害が議会で争い合うだけとなり、全体の調和と正当性によってではなく、力の大きさによって法律が決められてしまうことになりかねません。

「コルポラツィオン」の大きな役割

ヘーゲルはむしろ団体代表制の利点を、議員に普遍性への視点を培うという点に見出しています。すでに見たように土地所有者においてはその生まれが、普遍的視点を身に付ける保証の役割を果たしていました。市民社会の商工業者においてはそうした生まれつきの保証はありません。

ヘーゲルによれば「代議士が国家の利害と特殊な利害の〔両方を代表する〕器官となる保証」（一八二四・二五年講義、五七六頁＝GW 26-3, 1460）は、しばしば納税額等によって確保されると見られてきたといいます。つまり財産による制限選挙ですが、ヘーゲルはこれを採用しません。というのも、市民社会が景気の動向に左右される不安定なものである限りにおいて、そうした資格も不安定なものとならざるを得ないからです。

そこで、もう一つの保証として再び登場するのがコルポラツィオンです。なぜならコルポラツィオンでは「個人が国家の立場を理解していること、国家業務を遂行する能力と技術を持っていること、そうした心構えが行為を通じて示される」（一八二四・二五年、五七六頁＝GW 26-3, 1461）はずだからです。

つまり、コルポラツィオンから選出される議員は、それぞれの属するコルポラツィオンにおける管理職等の実務によって、議員にふさわしい能力と心構えが形成されているとヘーゲルは考えるのです。そうした能力と心構えがあるということを、諸団体から選出される人たちはあらかじめその団体における役割において示していると見るわけです。[*72]

したがって、ヘーゲルにとってコルポラツィオンは、市民社会における生業と結びついた生活保障の場であると同時に、普遍的な福祉に対しても配慮するメンタリティを醸成する場でもあることになります。

ヘーゲルはこの心構えは「ペーベルの心構えの対極にある」（一八二四・二五年、五七六頁＝GW 26-3, 1461）ものだと述べており、やはりここでもペーベルに対する警戒が見られます。

国民代表制の問題

ヘーゲルのこうした見方はいささか楽観的であるように思えます。通常、団体のリーダーたちはむしろ自分の団体の利害と維持を第一の目的としがちだということは、たびたび（筆者の経験の限りかもしれませんが）観察されることです。

さらに、議員となるべき人物のメンタリティの形成までも組み込んだ彼の制度論は、私たちには想像しがたいかもしれません。それは私たちの社会が、「有権者」がそれぞれ責任をもって適切な判断を下す能力を持っていることを前提としているからです。

しかし、実際にはどうでしょうか。次のようにヘーゲルが述べるとき、彼が直面していた問題は、現代の民主主義のあり方にも通じる問題であったように思われます。

> 多数の個々人による選挙についてなお指摘されうることは、とくに大きな国家において、多数のなかでは自分の票が無意味な結果しかもたらさないとして、必然的に自分の投票に対する無関心が生じ、そこで有権者は――彼らに対して、この投票権がどんなに〔価値の〕高いものと評価され、言い聞かせられても――、投票には現れないということである。――そうしてこのような選挙制度からは、むしろ、その規定とは反対のものが結果として生じ、選挙が、少数者の、一政党の、したがって特殊的で偶然的利害の権力という、まさに無効にされるべきものの手に帰することになる。（第三一一節註解）[*73]

もしそうだとするならば、私たちは、ヘーゲルが独自の議会制度を構想する際に提起していた問題を、私たち自身の問題として受け止めなければならないでしょう。ヘーゲルの考えていた身分制議会がいかに近代的なものとして考えられていても、それは私たちには受け入れがたく、おそらく解答は異なるものとなるでしょうが、今のところ、残念ながら私たちはヘーゲルよりもすぐれた解答を持っているわけではないようです。

ここまで直接的身分（土地貴族）を代表する第一院と、反省的身分（商工業者）を代表する第二院とを見てきました。ヘーゲルの身分論には本章で見たようにもう一つの身分、普遍的身分があります。しかし、普遍的身分を代表する官僚は最初から公事に関わっており、君主権で見た審議機関を通じてすでに立法に関わっていますから、あらためて議会を必要とはしません。

ヘーゲルのジェンダー意識

ここで立法権との関係で、ヘーゲルのジェンダー意識についても触れておきましょう。ヘーゲルが男女の性差について語っているのは、「人倫」の部の第一章「家族」においてですが、その位置づけがすでにヘーゲルの女性観を表してしまっているといえます。

ヘーゲルの家族観、婚姻観はよくも悪くも近代的なものです。家族は愛を原理としており、愛によって結びついた男女が婚姻を結び、そこに子どもが生まれる、そしてその子どもを養育し、大人にすることが家族の目的とされています。

こうしたヘーゲルの家族観は、小家族、つまり核家族を単位としており、「一族」といった大家族を想定していない点、そして当時生まれつつあったロマンチックラブを原理としている点など近代的な特徴を持っています。しかし、前近代的家父長制を採用していないとしても、逆にその分、いわゆる近代的家父長制を体現したものとなっています。

家父長制とは、ある種の前近代的な家族のあり方を指す用語でしたが、現代ではフェミニズムによって近代家族にも別の形で家父長制が存在し続けていること、つまり男性による女性や子どもの支配が続いていることが指摘されています。

実際、ヘーゲルにおいても、外に向かって家族を代表するのは男性であり、女性は家の中にとどまるものとされています。ヘーゲルはそうした家族像を、いわば自然主義的な男女両性についての規定から正当化しています。

> それゆえに一方の性〔男性〕は自らを、対自的に存在する人格的自立性と、自由な普遍性の知および意欲へと分割するものとして、すなわち概念によって把握する思想の自己意識と、客観的な究極目的に向かう意欲へと分割するものとして精神的なものである。（第一六六節）

またもやヘーゲル的な用語法ですが、いわれていることは最近までよく見られた偏見を哲学的概念で飾ったものに過ぎません。つまり、自立的な人格を持っており、普遍的な知を持ち、普遍性を目指して活動していくのは男性だけだというのです。

男性が個別性から離れ、自分を分裂させることに耐えられる存在であるのに対し、女性は個別的な一体性の感情にとどまるものとされます。

他方の性〔女性〕は、具体的な個別性と感情の形式において実体的なものを知り、意欲するものとして一体性のうちに身を保持する精神的なものである。（第一六六節）

女性は個別的で感情的であって、普遍性には向かないというわけです。そしてさらにはっきりと、「前者〔男性〕は対外関係において力強く活動的であり、後者〔女性〕は受動的で主観的なものである」（第一六六節）とまでいい切ります。だから政治や学問の世界で戦うのは男性の役目で、女性は妻として家族への恭順を特徴とするものとされるのです。

こうした、ジェンダー意識は現代から見るならばとうてい擁護できるものではありません。家庭の外へ出ていくのが男性だけなのだとしたら、これまで見てきた市民社会や国家には、じつは男性しかいなかったということになります（それゆえ筆者は「彼ら」という代名詞をこれまで用いてきました）。

ただしヘーゲルが、すでに講義の中で女性の参政権について述べていることは、注目されてもいいでしょう。一八二四・二五年講義の第二院の選挙について語っている箇所で、ヘーゲルは次のように述べています。

女性は〔選挙から〕締め出されています。しかし、自由な意志を持つ個人〔個別者〕が問題なのだとするならば、女性もこの権利を持っています。女性も自由意志を持つ個人であり、人間なのだからです。（一八二四・二五年講義、五七三頁＝GW 26-3, 1459）

ドイツで女性参政権が認められるのは、ほぼ一〇〇年後の一九一九年のことです。フランス革命の際に出されたフランスのいわゆる人権宣言、つまり「人間および市民の権利宣言」で人間と訳されているのはl'homme、英語であればman、つまり男性のことでした。

その意味では、このヘーゲルの発言はかなり時代に先駆けたものだったともいえるでしょうが、それが先に見たような家族における偏見に満ちた男女の規定とどのように整合しているのかは定かではありません。

第五章

ヘーゲルの民主主義論と、その問題

「大統領制化」する行政

さて、ヘーゲルは君主権、執行権、立法権の順に論じているのですが、ここまでその順番を変えて、君主権、立法権を先に見てきました。残るは執行権ということになります。

筆者が執行権を最後に持ってきたのは、前章で見た君主や議会についての議論よりも現代に対する重要な示唆を、ヘーゲルの執行権の議論が含んでいると考えているからです。

彼の執行権についての議論は、私たちの民主主義に関する意識にラディカルな転換を迫るものです。そして第三章で検討してきた司法、行政（ポリツァイ）は執行権の中に組み込まれており、さらにコルポラツィオンもここで重要な役目を果たしています。

詳しく述べる前に、筆者が重要だと考える現在の私たちの行政をめぐる視点を提示しておきましょう。ヘーゲルがポリツァイとして描き、そしてフーコーが統治性として整理しようとした権力形態は、現代の政府においてより発展し、肥大化した形で実現しています。

非常に肥大化した現代の行政においては、行政自身が判断することが多くの場面において求められることになります。ある意味、一旦立法がなされたり、選挙が行われたりしてしまえば、あとは民主的コントロールを経ることなしに、行政において権力が行使されるという事態が起こってしまうのです。

こうした行政の現状を問題視し、新たな統治のあり方を提起したのが現代フランスの政治学者ロザンヴァロンの『良き統治』（二〇二〇）です。彼は、民主主義は「大統領制化」しているといいます。大統領制化とは、行政府の長に一切の権限がゆだねられ、一旦選挙でその者が選ばれたならば、行政はその者によって専断的に行われ、民主的な意思決定が介在することができなくなるという事態を指しています（この『良き統治〔Le bon gouvernement〕』というタイトルは、ポリツァイ学の伝統において、「良きポリツァイ」という言葉がしばしば使われてきたことを思い起こさせます）。[*74]

國分功一郎が『来るべき民主主義』（二〇一三）で指摘した東京の小平市都道三二八号線をめぐる問題も、日本の地方行政における同様の問題を指摘したものだといっていいでしょう。彼が指摘したのは、地方自治体においても首長や議員が一度選ばれたら、次の選挙までは民主的な意思の反映が遮断されてしまい、行政に住民が関われないという事態です。地方政治においても大統領制化は起こっているというわけです。

二つの方向から執行権を理解する

ヘーゲルによれば、執行権の課題は君主の決定を実施することです。しかし、国家の代表としての君主の決定は一般的なものにとどまらざるを得ませんから、そうした一般的なものを具体的な政策として下ろしていく必要があります。それは現在民主的体制のもとで行政の役割とされているものと同じといっていいでしょう。ただ、その決定を行うのが議会であるのか（議会の決定を経ての）君主であるのかの違いです（日本においては、天皇が法律を承認し公布することとされていますから、ほぼ同じです）。

ヘーゲルはこれを「包摂する」という用語を用いて説明しています。「包摂」は、論理学でよく使われる用語ですが、より普遍的な概念のもとに、より特殊なものや個別的なものを含み込ませることを意味します。

たとえば、ポチ（個別）は犬としての条件を満たしている限り、犬という概念（普遍）のもとに包摂されますが、同じようにAさん（個別）が生活保護の支給対象（普遍）であるかは、生活保護の受給者に関する一般的な条件にAさんが適っているかどうかによって判断されます（そしてそこに、規則の適用をめぐって解釈の問題が生じます）。

司法をさしあたり脇に置くとすれば、ヘーゲルはここで「市民社会」章について見た、ポリツァイとコルポラツィオンという二つの方向性から包摂を行う行政権を考えています。これは、行政を一般に上から下への措置と考える私たちの常識に反するものかもしれませんが、それは私たちがポリツァイの視点から行政を見ることに慣れてしまっているからでしょう。

執行権でポリツァイの側面を担うのは官僚制です。ヘーゲルは、執行権の上位にツリー上に組織された様々な審議機関を置いています。そのもとには各省庁があり、それらがさらに君主において一つにまとめられるという構造を考えているのでしょう。そうした審議機関のもとで、その決定の執行を担っているのが官僚です。その頂点に内閣があることはすでに述べました。

興味深いのは、ヘーゲルが行政機構を様々な審議機関の結びつきとして理解しているという点です。個別事例を普遍的規則のもとに包摂していくのが執行権の役目であるとしても、そうした包摂が一義的に決定されるわけではありません。その判断には集合的な知が必要とされています。

すでに前章でヘーゲルの官僚観については見たので、ここでは扱いませんが、官僚とはまさに普遍性の身分であり、君主と市民との間をつなぐ中間身分でした。

「コルポラツィオン」はいかに現れるか

それに対して、ヘーゲルはコルポラツィオンをも執行権の中に位置づけています。いいかえれば、ヘーゲルが執行権として考えているのは、ポリツァイとコルポラツィオンを結合させたものです。コルポラツィオンは市民社会において、上から下に働くポリツァイに対して、下から上への働きとしてこれを補完するものでした。いわば行政の一般的理解に逆らって、ヘーゲルは行政権においても下からの働きかけを認めるのです。

ここでは、コルポラツィオンが立法権のときとは異なり、むき出しの特殊利益を代表するものとしてのみ現れてきます。

> 市民社会に属していて、国家という即自的かつ対自的に存在する普遍的なものそのものの外部にある共同の特殊な利益は、自治体という団体（コルポラツィオン）、そしてその他の生業及び身分の諸コルポラツィオン、ならびにその上役、管理者、経営者等々の管轄のもとにある（第二八八節）。

コルポラツィオンの「上役、管理者、経営者等々」というのは、立法権において、第二の構成員となる人々でもありました。

> 彼らが配慮するこれらの案件は、一方では、これらの特殊的圏域に属する私的所有及び利害であり、この側面では、彼らの権威は同じ職業身分の仲間や市民たちの信頼にもとづいている。（第二八八節）

たしかに、とくにこの執行権においては、「また他方では、これらの集団は国家のより高次の利害に従属させられなければならない」（第二八八節）とされています。

しかし、ヘーゲルはただ、市民社会における自由な団体を管理しなければならないといっているのではありません。むしろコルポラツィオンは、それ自身執行権を構成するものであり、その限りでは特殊な利害が普遍的な福祉と一致させられなければならないというのです。

したがって、その代表は「これらの利害関係者間での公選[*75]と〔国家による〕より高次の是認及び任命」（第二八八節）の両方が必要だといいます。つまり、これらの団体の代表者は、その団体によって選挙で選ばれるのですが、その代表を承認するのは国家です。

そのことによって団体の代表者は、公的に自分の団体の利害を行政へと反映させる権利を持つことになるのです。

ることです。

注目したいのは、行政の中にコンフリクトが生じることをヘーゲルがはじめから織り込んでいることです。

利害の衝突の場

市民社会が万人に対する万人の個人的な私的利害の闘争の場であるように、そこでは、共通の特殊な案件に対する、私的利害のコンフリクト、また後者が前者と一緒になって、国家のより高次の観点と国家による指令と争うコンフリクトが、その場所を持つ。（第二八九節 註解）

こうしたヘーゲルの行政論、そしてそれを含んだ国制論は、「市民社会」章において提起されながら積み残されたままだった、普遍と個別の媒介の問題を解決するものと見なされています。しかし、それは単純な宥和としての解決ではありません。最初から普遍と個別の間にはコンフリクトがあることを織り込み、そのコンフリクトの場を制度の中に確保することによって、行政に特殊な利害が反映されるようにする制度をヘーゲルは考えているのです。

ヘーゲルによる執行権のこうした構想は、私たちの理解する行政とあまりに違うことからこれまで注目されてきませんでした。しかし、ロザンヴァロンや國分の問題提起を受けて、むしろヘーゲルのコンフリクトを組み込んだ行政制度構想はアクチュアリティを持っているように思われます。

「ペーベル」問題再論

しかし他方で、「市民社会」章において提起されていた貧困ないしペーベルの問題は本当にこうした制度によって解決されるでしょうか。

たしかに、コルポラツィオンを通じて、市民の特殊な利害がコンフリクトを内包しながらも、普遍、すなわち国制において反映されるシステムをヘーゲルが考えていたことは間違いありません。また先に見たように、ヘーゲルはポリツァイよりもコルポラツィオンに、ペーベル問題解決のための積極的な役割を見出していました。

ヘーゲルが、ペーベルをコルポラツィオンによって包摂することを考えていたのを見ましたが、コルポラツィオンが職業団体であり、職業的な誇りにもとづくものである限りにおいて、そうした職業に適応できない人、そこから取りこぼされる人々は常に存在することでしょう。つまり、考えるべきはむしろヘーゲル的なコルポラツィオンに統合され得ない人々の問題なのではないでしょうか。

たしかに、国政においては普遍と個別の一致が見出されなければならないのですが、その一致が見出されるためには普遍による個別の抑圧があってはなりません。個別の抑圧なき一致が見出されるにあたっては、この両者が相反したものとして争い合うことは当然なのです。

したがって、ヘーゲルが考える普遍と個別の媒介とは、コンフリクトを排除するものではありません。むしろコンフリクトがあるからこそ、最終的に自分の個別性が普遍性に根ざしているという（第二八九節註解）、一体性の感情を持つことができるのです。

そのためにも、ペーベルの問題が解決されていなければならないはずですが、結局、ヘーゲルは決定的な解決を提示することはできなかったといわざるを得ないでしょう。[*76]

世論が持つ意義

ヘーゲルは、これらの君主権・執行権（行政権・司法権）・立法権の三権と並んで、いわば国制外の機関として（一七二頁の図で左側に位置づけた）二つのものに言及しています。一つは世論で、もう一つはアカデミーです。

世論は立法権における議会との関係で登場します。議会は公開でなければなりません。それは「議会とその議員が、世論に接して自分にたいして監視し重みのある判断を下すため」（一八一七・

一八年講義、二五七〜二五八頁＝GW 26-1, 202）だとされています。つまり国会議員は、世論を意識することによって、自分や自分の出身団体だけでなく、世論という一般的なものに配慮した言動を行うことになるというわけです。

議会の公開は、こうして議会そのものにとって有意義であるというだけではありません。それは、世論自体のためでもあります。つまり、「世論そのものが、国家の抱える現実的な重要事項と状態とを洞察し、それらについて――また内閣、政府官庁、議会議員それ自身が持つ人格的なものについても――理性的に概念把握し正確な判断を下すため」（一八一七・一八年講義、二五八頁＝GW 26-1, 202）にも議会は公開されなければならないのです。

ヘーゲルは、議会がこうして人々に政治について議論する機会を与えることで、「国民のための教養形成の手段」（一八一七・一八年講義、二五八頁＝GW 26-1, 202）となるといいます。世論を通じて国民そのものが公的な事柄についての意識を高め、成長することができるというわけです。

しかし、ヘーゲルは世論に全幅の信頼を置いているわけではありません。「民の声は神の声 Vox populi, vox dei」という古い言葉を引きながら同時に、「世論には、真理と限りない誤謬とが直接にひとつになっている」（第三一七節註解）ともいいます。

ここで再びフランス革命とペーベルが関わってきます。というのも、フランス革命時には「ペーベルが付和雷同して拍手喝采したりブーイングをならしたりし、自分たちの意見が不利になると、自分たちに反対する演説者にすぐに復讐し、自分たちの意見の仇を討った」(一八一七・一八年講義、二五八頁=GW 26-1, 202)りしたといって、民衆がむしろ討論を妨げうることを示したと考えているからです。

現代ドイツの哲学者ハーバーマスは、自由な議論の空間を「公共性(公共圏)」と呼びました(ハーバーマス 一九九四)。ヘーゲルはただ単に、政治的権力機構としての国家を考えていたというだけでなく、そうした公共性の役割についても大きな意義を見出していました。

国家にとっての芸術・宗教・学問

こうした世論と並んで、講義でヘーゲルが「国家のまったく普遍的な重要事項」(一八一七・一八年講義、二六五頁=GW 26-1, 208)と呼んでいるのが、芸術・宗教・学問(哲学)です。これらに対しても「一国民において領域や身分といった明文の規定が割かれなければならない」(一八一七・一八年講義、二六六頁=GW 26-1, 208)と述べています。

ヘーゲルによれば、そうした狭義での精神的な活動(ヘーゲルは「精神労働」といいます)をかつて担っていたのは修道院でした。つまり「精神労働」は、世俗生活から区分された聖なる世界において担われていたのですが、ヘーゲルの時代はまさにそうした世界が失われていこうとしていた時代でした（世俗化）。[*77]

ヘーゲルは、「学問はたんにそうした普遍的で抽象的な信仰ではなく、むしろ一層詳細な認識である。国家はその現実態における精神だから、これらの契機は、国家にとって本質的である」（一八一七・一八年講義、二六七頁＝GW 26-1, 209）と述べています。「こうした〔学問の〕実在性は、一国民において生じなければならず、国民のうちの一階級がこれに専念しなければならない」（一八一七・一八年講義、二六七頁＝GW 26-1, 209）のです。

そこで、修道院に代わるものとしてヘーゲルが考えているのは、大学や学術アカデミーです。学術アカデミーとは、各国の政府が学問と科学の発展のために設立した組織であり、フランスやイギリスのアカデミーがよく知られていますが、[*78]ドイツの領邦国家においても君主たちの主導で設立されていました。

ベルリンにはライプニッツの発案で創設された科学アカデミーがありました。現在の日本では、日本学術会議がそれに当たります。芸術・宗教・学問はヘーゲルが「絶対精神」と呼んだ三つのものです。

国家はまさに、そうした人類の自己知を可能にする機関を設置することを求められているのであり、それによって国家のほうもまた「国家の本質の直観」（一八一七・一八年講義、二六六頁＝GW 26-1, 208）を得ることができるようになるのです。

なぜ「民主主義」を好まなかったか

ここまで見てきたようにヘーゲルの国内体制論は、コンフリクトを組み込んだ一体性を特徴としています。

ヘーゲルの国家論はしばしば一体性の側面が過度に強調され、全体主義的なもの、異論を許さないもの、民主主義を否定するものと受け取られてきました。しかし、それは普遍と個別を一体のものとして考えるヘーゲルの国家の概念に真っ向から反する理解です。

普遍が個別を抑圧するところに、この一体性は成立しません。個別の主張が存在するところには、必ず他の個別との、ひいては普遍とのコンフリクトが存在します。したがって、正しい国制は、このコンフリクトを内包するものでなければならないのです。

ヘーゲルは民主主義という言葉は好みませんでした。それは、この言葉が今とは異なり、多数者による支配を意味するものであったからです。しかし、今日の意味からするならば、ヘーゲルはコンフリクトの可能性を組み込んだ、市民の意思が反映される民主的な国制を構想していたということができるでしょう。

もちろん、彼が考えていた国制を今日の私たちはそのまま受け入れるわけにはいかないでしょう。しかしそこで彼が取り組もうとしていた問題は、私たちの時代の民主主義もまた考えていかなければならない問題なのです。

「対外主権」の根底にある認識

さて、ヘーゲルは国内体制を描いたあとに、「対外主権」、それから節をあらためて「外的国家法」を扱います。対外主権とは、軍事面から見た国家主権といっていいでしょう。

自立した存在である国家は、他の国家に対して否定的な関係にあり、「個体性」を持つといわれます。個人が不可分なものとして、他の個人と向き合うように、国家もまた不可分なものとして他の国家と向き合っているというわけです。

対外主権とは、他国に対して宣戦布告を行う権限と考えていいでしょう。そしてその役割は、君主に帰属させられています。ヘーゲルはここで、興味深い議論をしています。他国が及ぼす、国民への脅威は、まさに国家自身の自分への否定的関係に由来するというのです。

> こうして、定在においては、国家の自らへのこうした否定的関係は、ある他者のある他者への関係として、そしてあたかも、否定的なものが外的なものであるかのように現れる。そのために、この否定的関係の存在は、ある出来事という形態、外部からやってくる偶然的諸

事件との絡み合いという形態をとる。（第三二三節）

このヘーゲル独特のロジックはなかなか理解しづらいものですが、個人や、その権利、あるいはその所有物が、国家という強大なものにとっては無にも等しいということ（ヘーゲルはそれを空無性Nichtigkeitと表現します）、つまり自国民に対する国家の絶対的優位（だからこそ、国家は有機的組織にならなければならないのでした）が形を変えて他国との関係において現れるということです。

それが逆説的に国家を一体化する作用となります。敵を持つことによって、国家は一つにまとまり、個別性はそこでもはや現実性を持たず打ち消されることになる（ヘーゲルはそれを観念性Idealitätと表現しています）というわけです。

二〇世紀の法学者で政治学者でもあったカール・シュミットは、法・憲法の想定を超えて国民の安全が脅かされる事態を「例外状態」と呼び、「例外状態」において決断を下すのが主権者だと規定しました（シュミット 一九七一）。彼は、さらに『政治的なものの概念』（シュミット 二〇二二）で「政治的なもの」とは友と敵の区別に関わるものだと主張したことで知られています。

憲法学者であるシュミットは、この主権論をドイツのワイマール憲法に規定された大統領の緊急命令権をめぐって展開しました。その第四八条第二項では「安全と秩序が危機にさらされたとき、大統領は基本的人権（身体の自由、住居の不可侵、集会の自由、表現の自由など）の全部、あるいは一部を停止することができる」とされていました。シュミットはこの項目に依拠して、例外状態における大統領の無制限な権限を主張しました。ワイマール期のドイツでは、第一次大戦後の混乱の中、この条項が乱用され、ナチスの登場を準備したといわれています。

ヘーゲルもじつは、君主権を論じる際に似たような主権概念を提示していました。たしかに平和状態においては、前章・本章で見たように、国家の意志は様々な機関の調整を経て、最高審議職たる内閣によって基本的に決定され、君主はそれを承認するだけだとされています。

しかし、緊急事態においてはそうではないとヘーゲルは述べます。

> しかし、緊急事態においては、内外いずれの緊急事態であれ、主権の単一な概念にもろもろの特殊性からなる有機組織が収斂してゆき、この主権に国家の救済が、他のときに与えられていた権限を犠牲にして託されるのである。（第二七八節註解）

この箇所からは、ヘーゲルの主権概念はシュミットのそれをある意味で先取りしていたということもできそうです。その意味で、ヘーゲルの主権概念も現代から見たらかなり問題含みだといわざるを得ないでしょう。ヘーゲルはこうして、せっかく自分が詳細に論じた有機的国家（それはコンフリクトを織り込んだ多元的な国家でした）を、君主という同一性に還元し、破壊しかねないことも述べています。

ここで「緊急事態」といわれているときの「緊急」という言葉は、悟性国家が「緊急国家」と呼ばれていたときと同じNotという単語です。その限りでは、こうした主権の権限は、偶然的で、一時的なものと考えていたといえるでしょう。

もっともヘーゲルは、暴走しかねないこうした緊急時の主権を抑制する機構について論じることはできませんでした。ヘーゲルが、戦争のような緊急事態における国家の一体化に積極的な面を見出していたことは否定できません。しかし、その根底には普遍である国家が個別である市民を無にするような脅威であるという認識があったのです。

「戦争の人倫的契機」

ところが、さらにヘーゲルは、「戦争の人倫的契機」という問題含みの主張さえ行っています。平和は国民の精神を腐敗させ、戦争がむしろ国民を成長させるというのです。だから「戦争は絶対的悪と見なされてはならない」(第三二四節註解)とされます。

そこからヘーゲルは、普遍的身分としての軍人、そしてその徳としての勇気について語り、国家のために自らを犠牲にすることは義務であり、「国家の独立が危機に瀕する限り義務がすべての市民を国家防衛へと召集する」（第三二六節）と語ります。

この箇所は徴兵制を想定していると考えられます。官僚が国民のために自らを犠牲にしなければならないように、軍人はまさに文字通り自らを犠牲にしなければならない、そして国民もまた非常時には武器を取って戦わなければならないというのでしょう。カントは、「永遠平和論」で、常備軍の撤廃を主張しましたが、ヘーゲルにはそうした主張は見られません。

このようにヘーゲルが戦争や軍隊について、肯定的なことを述べているのは否定できません。ヘーゲルは敵国との対抗関係が、その国の一体性を強化することも、むしろ肯定的に見ているように思えます。しかし、そうした戦争においてこそ、フランス革命に見出された熱狂的な一体化と暴力的な破壊とを国内にもたらしかねないことを、ヘーゲルは認識できる立場にいたはずです。実際、ナショナリスティックな自由主義運動にヘーゲルが批判を向けていたのも、それゆえにでした。[*79]

また、ヘーゲルが次のように述べていることにも注目すべきでしょう。「全体が威力となり、その自分の中の内的な生活から外へと引き出されるならば、これによって防衛戦争は侵略戦争に変わる」（第三二六節）。

おそらくは国民軍を組織したフランス革命とナポレオンを念頭に置いていたのでしょうが、防衛戦争がいつしか侵略戦争になってしまうという認識をヘーゲルが持っていたことは、ヘーゲルの戦争に対する洞察の深さを表しているといえるでしょう。しかし、ヘーゲルはこう記述するのみで侵略戦争についての批判的な言辞は、ここには見当たりません。

戦争の中に平和の可能性を見る

しかし、ヘーゲルは、戦争を全面的に肯定していたわけではありません。また、よくいわれるように、国際関係を、ホッブズが自然状態に見出した「万人の万人に対する闘争」状態でしかないと考えていたわけでもありませんでした。

この対外主権論に続く、国際法を扱った「外的国家法」で、ヘーゲルはたしかに国際関係を一旦は自然状態だと述べ（第三三三節）、カントの永遠平和論を批判しています。そこでヘーゲルが取り組んでいる問題は、まさにロシアがウクライナに侵攻したときに、現在の国際関係において私たちが見せつけられている問題、つまり国際関係には、国内における個人に対する国家にあたる審級が存在しないということです。

カントは永遠平和論で、世界政府について否定しながら国際連盟の構想について語りました。ヘーゲルはこれを、国と国が相互に特殊なものとして関係し合っているに過ぎず、平和の保証にはなり得ないと批判します。

ではヘーゲルは、国際関係は無秩序で、戦争が避けられないものと考えていたのでしょうか。決してそうではありません。ヘーゲルは「外的国家法」でむしろ、そうした戦争の経験を経ながら、国際法が実現されていくプロセスを概念的に描いています。ヘーゲルは国家の自立性は、他の諸国家による承認を通じて成立するといいます。

そして、この承認は戦争状態においても、国家間の紐帯を残すことになるのです。この紐帯が、戦時国際法の基礎になります。「戦争は、戦争のうちに平和の可能性が含まれており、それゆえ、たとえば使節が尊重されるという、また一般に戦争行為は国内の諸施設、平和な家庭生活ないし私的生活、および私的人格に対してはなされないという国際法上の規定を含んでいる」（第三三八節）。

ヘーゲルによれば戦争は「過ぎ去るべきもの」であり、そこには平和の可能性が含まれていなければなりません。そこに国際法の基礎が見出されます。国際法の最も古い規程の一つは、交渉のための使節が尊重されなければならないということでした。[*80] 講和締結のための交渉を始めることができなければ、平和は実現しません。そのために使節が送られてきた場合には、尊重されなければならず、「使節の殺害は正当にも、最大の国際法違反の一つと見なされ」（一八一九・一八二〇年講義、二一五頁=GW 26-1, 578）ているのです。

「世界法廷」としての世界史

それでは、この国際法の根拠はどこにあるのでしょうか。ヘーゲルはそれを、諸国民の「習俗Sitten」の発展に見ています。習俗というと何か、古来、共同体社会の中に存在していた習慣のように思われますが、ヘーゲルがここで習俗と呼んでいるのはそうしたものではなく、より一般的に人々が社会の中で共有している規範意識です。そしてこの規範意識は、ただ昔のまま継承されるのではなく「発展」するのです。

したがって、ヘーゲルはただ単に国際関係を自然状態と見なしていたのではありません。むしろ戦争の経験を経て、諸々の国家の国民それぞれがそれぞれの規範意識と倫理を高めていくと見ていました。たとえばヘーゲルは「ギリシア諸国家においては捕虜を殺すのがまだ習慣でしたが、私たちの習慣によれば、これはまったく違います。武装解除された者においては、いつも人間が承認されるのです」（一八一九・一八二〇年講義、二一四〜二一五頁=GW 26-1, 578）と述べています。

あるいはヘーゲルはすでに、「戦争は私人に対して行われてはならない」と述べています。かつては、市民を攻撃することは戦争では通常のことでした。そうしたことは残念ながら二〇世紀の戦争でも起こり、そしてそのこと自体は悪とされていませんでした。

この二一世紀に起こってしまったシリアやウクライナ、そしてパレスチナ・ガザでの戦争においても、民間人が殺害されていますが、ヘーゲルの時代と大きく異なっているのは、それが不正であるという意識が国際社会に存在していることです。これは当の戦争犯罪を犯している国でもじつは同様です。その国も、(たとえ嘘や口実だとしても)市民を攻撃しているとはいわないか、攻撃しているとしても自己防衛だというわけで、それは市民を攻撃することが罪であるという認識が共有されているからです。

よく知られているように、ヘーゲルは世界史を「世界法廷」と呼びました。この言葉も国際関係の視点から理解されるべきです。国際関係において、世界政府は存在しません。そこで裁きを行うのは、歴史でしかないのです。

しかし、これもまた一般的にヘーゲルがそう主張しているといわれているように、理性が歴史を操り、人類を進歩させているという人類の他力本願を言い表しているわけではありません。むしろ歴史の中でそれぞれの国民の「習俗」、つまりヘーゲルの言葉では「あらゆる関係のもとで保持されている振る舞いの内的普遍性」(第三三九節)を、平和の実現へと向上させていくことが必要だと主張しているのです。

愛国心はいかに成立するのか

最後に、ヘーゲルのもう一つの問題含みの概念を取り上げたいと思います。それは「愛国心Patriotismus」です。

ヘーゲルは、この概念を「国家」章の冒頭部で「政治的心情」として取り上げています。注意すべきは、ヘーゲルがこの愛国心を「尋常ではない犠牲や行為へと向かう気持ち」とは区別している点です（第二六八節註解）。

しばしば愛国心とは、熱狂的に国家のために自分を捧げるような心情として理解されています。ヘーゲルもたしかに、愛国心は「通常の状態や生活状況において、共同体を実体的な基礎及び目的として知ることをつねにする心情」だと述べていますが、ここでの愛国心は、特殊な郷土愛にもとづいた「熱狂的心情」として考えられるべきではありません（ただし先に見たように、ヘーゲルは戦争がそうした尋常ではない愛国心をかき立てる可能性があることを見落としていました）。

ヘーゲルはこの愛国心を「理性的性格が現実的に存在しており、この理性的性格が諸制度に適合した行為を通じてその活動性を保持している」国家制度の「成果」だと述べています（第二六八節）。つまり、自分の所属する国家が、理性としての普遍性を体現しているからこそ人々は愛国心を持つのであって、それが特殊な民族性にもとづいているからではありません。

ヘーゲルは「信頼」というキーワードを持ち出します。信頼とは、むやみに検証なく、信用することではありません。むしろ、そこで自分の利害が普遍的なものとして実現されていることを認識するときに、国家への信頼としての愛国心は成立するとヘーゲルはいいます。

この心情は、一般に信頼〔略〕であり、私の実体的で特殊的な利害が、個人である私との関係にあるものとしての、他者（ここでは国家）の利害と目的において、保持され包含されているという意識であり、このことによって、まさしく、この他者は、直ちに私にとって他者ではなく、私はこの意識において自由である。（第二六八節）

ここでヘーゲルは、「他者のなかで自分自身のもとに存在すること」という彼の自由の概念を参照しています。特殊な利害を持つ私たち個人にとって国家はたしかに他者ですが、その他者の中に普遍的な形で自分自身が実現されているときに、人は自由だというわけです。

このことは先に述べた習俗と関連づけて理解するべきでしょう。ヘーゲルはカントのように、ただ形式的に正しい理念を提示するだけでは不十分だと考えました。そうした普遍性が、人々の習慣として身体化され根づくことが必要だと考えたのです。それが「習俗Sitte」です。

「人倫」と憲法パトリオティズム

そして、ここまで説明せずに来ましたが、それこそまさにヘーゲルが「人倫」という概念で提起しようとしていることです。ここにヘーゲル「法哲学」の核心があるといってもいいでしょう。日本語ではまったく違う言葉になってしまっていますが、人倫と訳されているジットリッヒカイトSittlichkeitというドイツ語は、習俗と訳してきたジッテSitteから派生した言葉です。人倫は、ヘーゲルがカントの「道徳性」に対して提起した概念であり、単に普遍的形式的な規範ではなく、それが社会的意識として私たちに身体化されていることを指しています。ヘーゲルは『法の哲学』において、その実現をとくに国家の中に見出しました。

ここで引き合いに出したいのは、ハーバーマスが提起した「憲法パトリオティズム」、つまり「憲法愛国主義」という概念です。ハーバーマスはこの概念を、まさにヘーゲルが見ていたようなカント的道徳性と、それに対して私たちが生まれ育った共同体の中で習慣として身に付けている「倫理」（先ほどの習俗と同じものと考えていいでしょう）との間に位置づけています。

近代に生きる私たちは、普遍的な規範を重んじなければなりませんし、そうした規範が制度化された国家を正しい国家だと見なすことができます。しかしハーバーマスもいうように、私たちがそうした普遍的規範意識を身に付けるためには、一旦は自分が生まれ育った共同体の習慣を身に付けるというプロセスを経なければなりません。

そして、憲法に体現されているような普遍性が実効性を持つためには、普遍的道徳性は、ただ単に形式的なものとしてではなく、私たちが習俗として身に付けた感情と結びつくような形で身体化されている必要があるのです。

ハーバーマスはそれを憲法パトリオティズムと呼びます。[*81] つまり、古来の習慣ではなく、自らの属する国家が普遍的価値を体現する形で有している憲法体制を、自らの属する共同体の規範として愛するという姿勢です。

重要なのは、ここで愛という感情の対象となっているのは、非合理な民族性といったものではないということです。ましてや、それによって他者を排除したり、熱狂的に指導者を支持したりすることでもありません。なぜなら、憲法の価値には普遍的な人権や民主主義が含まれているからです。

ハーバーマスは、自分の憲法パトリオティズムという概念をヘーゲルの「愛国心」から区別しようとしているのですが、ヘーゲルが愛国心と呼んだものこそ、『法の哲学』の「国家」章で憲法体制として描いた、普遍的な制度への心情なのです。

おわりに

さて、私たちはヘーゲルの死から出発して、『法の哲学』という彼のテキスト、そして講義を通じて、彼が国家について語ってきたことを時代状況も踏まえながら検討してきました。

ヘーゲルが直面していた国家は、物理的な暴力を行使する権力であっただけではありません。まさに、権力が市民の生活の隅々に入っていこうとする時代にヘーゲルは思考していました。

そうした権力観を準備していたのは、「君主の鏡」というジャンルに端を発する、「ポリツァイ学」という学問でした。ヘーゲルは、自分の「法哲学」の中にこの「ポリツァイ」を位置づけ、一方では積極的に取り上げながら、他方ではこれを批判し、相対化しました。

ポリツァイは、フーコーが「生権力」と呼んだ権力を体現するものでした。権力といってもそれは私たちを危険から守り、私たち一人ひとりの生命と幸福に配慮してくれようとするタイプの権力です。

しかし、同時にヘーゲルは、そうしたポリツァイの性格に危惧を抱いていました。そこに原理的な歯止めはなく、どこまでも——私たちの安全のためという名目のもと——私たちの生活を統制しようとします。それはヘーゲルの望む国家ではありませんでした。

こうした「悟性的」とされる国家への対抗原理を、ヘーゲルは私たちが経済活動を通じて結びつく「市民社会」の中に見出します。彼は、私たちは近代社会において職業生活を営む中で、共通の利害を形成し、そうした利害を代表する共同体＝「コルポラツィオン」を設立すると考えました。

コルポラツィオンにおいて、人々は二重の危険性、つまり国家権力と経済権力に対して、自分を守ってくれるものを見出すのです。こうしてヘーゲルは、フランス革命が、ルソーの「社会契約論」の構想にしたがって破壊したコルポラツィオン（＝コルポラシオン）に新たな意味を与え、こうした中間団体が役割を果たす国家こそが望ましいと考えます。

それは、フランス革命によって提示された近代国家概念とは異なった、オルタナティヴな国家の構想でした。

こうした国家像にもとづいて、あらためて安全と衛生の問題を考えてみましょう。ヘーゲルにいわせれば、たとえば伝染病を前にして市民に予防接種を可能にし、それを呼びかけたり、行動規制を実施したりするような国家の機能、つまりポリツァイは、一方では必要だということになるでしょう。

しかし、他方でその危険性についてもヘーゲルは自覚的であり、その限りで私たちは、それぞれの利害から、これに対抗することのできる組織も持っていなければなりません。そうした組織があれば、たとえば飲食店の経営者たちは、行動規制によって自分たちの生活が破壊されると訴えることもできるでしょう。

ヘーゲルはただ単に意思決定はボトムアップであればよいと考えたわけではありませんでした。国家が行うことは普遍的なものでもなければならず、ヘーゲルは私たちがそうした普遍性のセンスを職場や自分が属する団体の中で、あるいは行政や権力と対峙する中で身に付けていくことを重視します。

これは現代において、様々な市民団体が政治的な主張を政府や他の市民に伝えていこうとする中で行っていることでもあります。それは、国家がただ個人の個別的利害だけを実現する手段であってはならないからです。

ヘーゲルが国家権力による統治を制約するために構想したのは、コルポラツィオンと呼ばれる下から形成される団体だけではありません。ヘーゲルにとって、メディアとそれによって形成される世論は、国家そのものを形成する要素の一つであり、それに対してアカデミズムもまたその学識にもとづいて、独立して権力をチェックすることで国家に貢献するものと考えられていました。

アカデミズムは専門的知見にもとづいて、どのような政策が望ましいか、あるいはどの政策を採用したらどのような結果が予想されるのかといったオプションを提示するでしょう。それを踏まえて国家は、世論やアカデミズムとコンフリクトを抱えながら政策を決定します。

しかし、その政策もまた世論や学者たちによってチェックを受け、修正されていくのです。コロナ禍の中で科学的な専門知と政府との関係が問題となったことは、あらためていうまでもないでしょう。

『法の哲学』序言の「理性的なものは現実的であり、現実的なものは理性的である」という言葉は有名ですが、この言葉は従来理解されてきたように、ヘーゲルの体制維持の姿勢を表すものではありません。ヘーゲルの意図は、現実はすでに理性的だから受け入れろということではないのです。

といっても逆に、現実を無視した単なる哲学的思弁にもとづいた理念だけを重視すべきだといっているわけでもありません。ヘーゲルにとっては理論を単に現実に対置することも間違いなのです。

私たちが見てきたように、ヘーゲルは同時代の状況と歴史を見ながら、その現実の中に将来実現されるべき国家像の種を見出し、まさに現実の中からあるべき国家を描き出しました。

パンデミックをきっかけに本書が見てきたように、ヘーゲルが直面していた時代と国家がまだ私たちの時代になっても存在している問題を提起している限り、ヘーゲルの国家論はアクチュアリティを持っているといっていいでしょう。

＊

ヘーゲルは一八三一・三二年の冬学期にも法哲学についての講義を予定しており、一一月一一日と一二日に第一回と第二回の講義を行います。本書冒頭で引用した妻マリーの手紙に「元気いっぱいで講義を始め」たとあったのは、この法哲学講義のことでした。

のちに、『イエスの生涯』を著し、ヘーゲル学派分裂のきっかけをつくることになるダーフィト・シュトラウスはその講義に出席していました。彼は、ヘーゲルも学んだテュービンゲン神学校を修了し、先輩としてベルリンで活躍しているヘーゲルの講義を受けるべくベルリン大学に入学したばかりでした。この二回の講義について残されている唯一の講義ノートは、このダーフィト・シュトラウスによるものです。

このノートによれば、ヘーゲルが授業で発した最後の言葉は以下のようなものでした。

自由は〔人間の〕最も奥底にあるものであり、この自由から、精神的世界の構築物全体がそびえ立つことになるのです。（一八三一・三二年講義=GW 26-3, 1495）

シュトラウスは、このノートの末尾に、逝去を意味する十字のマークを記し、次の言葉を書き留めました。

一一月一四日の晩、ヘーゲル、コレラで没する。

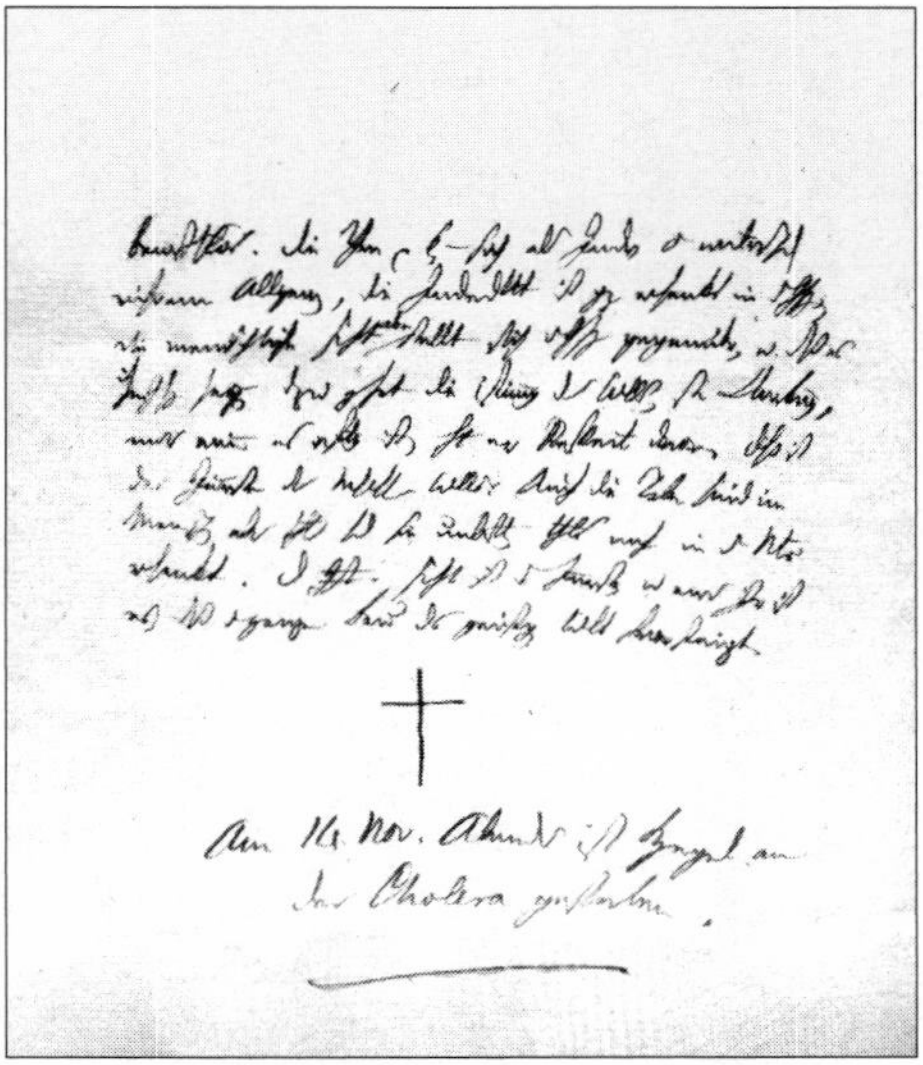
Am 14. Nov. Abends ist Hegel an der Cholera gestorben.

シュトラウスが残したヘーゲルの講義ノート

あとがき

本書は、コロナ禍真っ只中の二〇二一年春に、勤務先の京都大学で企画されたオンライン講座シリーズ「立ち止まって考える」の中で筆者が行った講義「西洋哲学史 - パンデミックから考える権力と国家——フーコーからヘーゲルへ」がもとになっています。この講義はまだオンラインで動画を見ることができます（「京都大学」「立ち止まって考える」で検索していただければ見つかるかと思います。他にもとてもためになる講義がたくさんあります！）。講義で扱っているのは本書の前半部分にあたります。

もともと筆者の専門はヘーゲルの中でもどちらかというと論理学や『精神現象学』であり、日本語で出す最初の単著が「法哲学」や国家論に関するものになるとは思ってもいませんでした。このオンライン企画がなければ（そしてコロナ禍がなければ）、パンデミックとヘーゲル「法哲学」の接点など考えもつかなかったですし、本書も生まれなかったと思います。企画に声をかけていただいた同僚の出口康夫さん、オンライン講座の実務を一手に担ってくださっていた大西琢朗さんに感謝申し上げます。

ＮＨＫ出版の山北健司さんには、本書のもととなった原稿が宙に浮いていたのを拾っていただき感謝しています。噂には聞いていた、編集者と二人三脚で本をつくるという貴重な体験を初めてさせていただきました。本書がいくらかでも読みやすいものになっているとしたら（筆者の日本語感覚はどうやらドイツ語とヘーゲルに大分侵されているようです）、山北さんのおかげです。もちろん、読みにくいところが残っていたり、内容上の誤りがあったりするとしたら、その責は全て筆者にあります。

また、京都大学文学研究科西洋哲学史（近世）専修の学生のみなさんには、本書の原稿の一部を報告の形で読んでいただき、有益なコメントをいただきました。研究仲間の岡崎龍さん、岡崎佑香さんのお二人は、全体を読んでくださり、いただいたコメントを修正に役立てさせていただきました。

ヘーゲル「法哲学」は筆者のど真ん中の専門ではないと書きましたが、そういえば政治思想のゼミに所属していた学部生の頃、仲間たちと読書会をしていたのがヘーゲルの『法の哲学』でした。三〇年を経てようやく、あの頃わからなかったことがいくらかわかるようになったということかもしれません。

とはいえ、本書はヘーゲル『法の哲学』の豊かな内容を網羅的に扱っているわけではありません。本書で扱った国家論はもちろん中心的な主題ですが、他にも様々なトピックがあります。とくに、「抽象法」や「道徳性」については本書ではまったく扱うことができませんでした。本書で入門を果たした読者には、『法の哲学』や講義録の一冊を実際に手に取って、さらに広くて深いヘーゲル「法哲学」の世界に踏み込んでいただければと思っています。

大河内泰樹

二〇二四年六月二一日

後注

＊1　マリー・ヘーゲル「クリスティアーネ・ヘーゲル宛書簡　一八三一年一一月一七日」HBZ 480-484。この箇所は HBZ 480。この手紙の訳出にあたっては、ローゼンクランツ（一九八三）三五八～三五九頁を参考にしました。

＊2　翻訳は『ヘーゲル伝』と題されています（ローゼンクランツ 一九八三）。

＊3　この箇所の一部は、HBZでは省略されており、ローゼンクランツの『ヘーゲル伝』を参照しました（ローゼンクランツ 一九八三、三五九頁＝Rosenkranz 1844, 423）。

＊4　このあたりの情報は、以下を参考にしました。Rundfunk Berlin-Brandenburg: 1831 Cholera-Epidemie wütet in Preußen, aus RBB, "Preussen Chronik eines deutschen Staates, (https://www.preussenchronik.de/ereignis_jsp/key=chronologie_005750.html：二〇二一年二月五日閲覧）

＊5　ニッパーダイ（二〇二一）、二二七頁（＝Nipperdey 1983, 103）。

＊6　Eckart 2011, S. 81から引用。

＊7　ただし、この国王の発言とされるものの信ぴょう性については懐疑的な見方もあります（Lenz 1910 78ff.）。

＊8　この「死亡表」に着目しているフーコー研究者の重田園江は「ヨーロッパにおける死亡表は、ペストや飢饉など人口を脅かすような危機的状況において、時系列、地域別の死亡の状況を知るためにはじめられたものだった」（重田 二〇一八、二二七頁）と述べている。

＊9　"STATISTIK, f.", *Deutsches Wörterbuch von Jacob Grimm und Wilhelm Grimm*, digitalisierte

Fassung im Wörterbuchnetz des Trier Center for Digital Humanities, Version 01/21. (https://woerterbuchnetz.de/?sigle=DWB?lemid=S41218：二〇二四年六月三〇日閲覧)。

*10 重田(二〇〇三)。統計学の歴史については、ハッキング(一九九九)、竹内(二〇一八)を参照。

*11 この『法の哲学』の扉には一八二一年と記されているのですが、すでに一八二〇年に刊行されていたことが知られており、今では刊行年を一八二〇年と表記するのが一般的です。したがって二〇二〇年は、ちょうど刊行二〇〇年にあたり、世界中で盛り上がりを見せるはずでしたが、奇しくもそれはコロナ・パンデミックが広がった年に当たってしまいました。

*12 ヘーゲルの『法の哲学』には、これまでに五種類の日本語訳が出版されています。詳細は巻末の参考文献の「ヘーゲル『法の哲学』の日本語訳」を参照。

*13 ここから、ヘーゲルの講義を参照するときには、どの年の講義かを示したあとで、翻訳のページとドイツ語全集版のページを示します。参考文献の「ヘーゲルの「法哲学」講義」を参照してください。

*14 家族が「感情によって一体となったもの」であるという理解に疑念を持たれる読者もいるでしょう。ヘーゲルは家族の基礎を愛という感情に見ているのですが、その問題点は第四章で検討することになります。

*15 アプリを使うことで与えられるポイントなどを考えるといいでしょう。

*16 フーコー『言葉と物』(フーコー 一九七四＝Foucault 1966)。

*17 田村訳、速水・岡田訳(巻末の参考文献を参照ください)。

*18 高峯訳、上妻・佐藤・山田訳。

*19 藤野・赤沢訳。

＊20 長谷川訳『法哲学講義』。

＊21 福吉（二〇〇二）、六六、二四三頁。

＊22 高柳監訳『自然法と国家学講義』（一八一七・一八年講義）、尼寺の一連の法哲学講義訳。

＊23 中村・牧野・形野・田中訳『ヘーゲル法哲学講義録』（一八一九・二〇年講義）。

＊24 Meier 2009, Simon 2004。アダム・スミス『法学講義』二六一頁にもpoliceの語源として指摘されています。

＊25 Meier 2009, Simon 2004.

＊26 Nicolas de La Mare（1639-1723）。『ポリス論』で知られ、実際に絶対王政下フランスの行政官でもあった。

＊27 Johann Heinrich Gottlob von Justi（1717-1771）。ドイツの国家学者、経済学者。ポリツァイ学を体系化し、一つの完成をもたらした。

＊28 Carl Gottlob Rössig（1752-1806）。ドイツの官房学者、法学者。

＊29 この点にヘーゲルのポリツァイ概念との違いがあります。なぜなら、ヘーゲルはポリツァイのもとでは、教育を除いてはこうした市民の内面の問題を扱いません。ヘーゲルはそうしたものはむしろ、ヘーゲルのいう国家においてはじめて扱うことができると考えていました。

＊30 Johann Peter Frank（1745-1821）。医師でありドイツの公衆衛生の父として知られています。

＊31 No. LXIII. Verordnungen wegen verbesserter Einrichtung der Provinzial-, Polizei-, und Finanz-Behörden. Vom 26sten Dezember 1808, §3, in: *Preußische Rechtsquellen Digital, Band 12*, S. 681-682 (https://web-archiv.staatsbibliothek-berlin.de/altedrucke.staatsbibliothek-berlin.de/Rechtsquellen/

NCCT121807.10/start.html). Knemeyer 1978, 888でも引用。

＊32 フーコー『監獄の誕生』（フーコー 一九七七＝Foucault 1975）。

＊33 統治性についてはフーコー「統治性」も参照。

＊34 司牧権力については、フーコー「全体的なものと個的なもの」を参照。

＊35 フーコー『安全・領土・人口』二三九頁（＝196）以下。

＊36 よく知られているように、アダム・スミスでさえ自由な経済活動だけで十分だと考えていたわけではありませんでした。しかも、アダム・スミスは、この市場の活動を可能にし、あるいは制限する事柄をポリスpoliceと呼んでいます（翻訳では「生活行政」と訳されています。アダム・スミス『法学講義』（スミス 二〇〇五、二六一頁以下））。アダム・スミスがポリスについて論じているのは『法学講義』という著作で、当時はまだ刊行されておらずヘーゲルはこのテキストを読むことはできませんでしたが、むしろこの共通点は当時の西ヨーロッパにおいてポリツァイ／ポリスという概念が、今まで見たような意味で広く理解されていたことを表しているといっていいでしょう。

＊37 「普遍的資産」について、今でいう国内総生産（GDP）のようなものだという説明もしばしばなされます。イメージをつかむにはいい説明だと思いますが、厳密には国内総生産はその期間内に生産された富（付加価値）を指すので、それ以前に生産され所有されているものは含みません。普遍的資産は後者も含むより大きな概念です。これにはさらに人々の能力も含まれているという議論もあります（プリッダート 一九九九）が、ここでは深入りはやめておきましょう。とりあえず、市民社会における人々の経済的結合によって生み出された「その社会の中に存在している富の総体」と理解しておけば大丈夫です。

＊38 ここでのヘーゲルの議論をアマルティア・センやマーサ・ヌスバウムが提唱している「ケイパビリテ

ィ・アプローチ」と比較することも可能かもしれません。ケイパビリティ・アプローチとは正義論の一つの立場で、人々の潜在的能力を発展させることができるかどうかを社会正義の基準とする考え方です。しかしまた、ヘーゲルがこの理論を市民社会の中で行っていること、つまりは本来の国家ではなく、市民社会の論理を前提としたものであることにも注意しなければなりません。ここでは人の能力は、経済活動という特定の活動との関係でしか見られていないといえるでしょう。

*39 ヘーゲルは、禁治産者つまり自分の財産を管理する能力を持たない放埒《ほうらつ》な人々の後見もポリツァイの課題であるとしていますが、禁治産者と見なされる人も、市民社会の成員として自己形成をする機会を奪われている人だということができます。その限りでは、禁治産者が生活を成り立たせることができなくても、それを単に個人の責任だということはできません。近年、貧困者の支援の中でメンタル面へのアプローチが必要だということが強調されるようになってきましたが、ヘーゲルにそうしたアプローチの原型を見ることもできます。

*40 Conze 1992, 222.

*41 フーコーもこの語に触れています(フーコー「全体的なものと個的なもの」三四四頁 = 963)。

*42 筆者が勤める京都大学は、学生や職員組合の立て看板(タテカン)をこの条例を理由に一方的に撤去し、現在そのことをめぐって京都大学と京都市が訴えられ、裁判になっています。それは、まさに行政の恣意的な裁量によって、タテカンが強制撤去されたことによって、学生と教職員の表現の自由が侵害されたことを訴えた裁判です。詳しく知りたい方は是非京都大学職員組合のホームページ(https://www.kyodai-union.gr.jp/)をご覧ください。

*43 一八一九・二〇年講義 一三四頁(=GW 26-1, 494)にも同様の指摘があります。

＊44　Agamben 2020。この記事の翻訳はのちにアガンベン（二〇二一）に収録されています。

＊45　Conze 1992。ヘーゲルのペーベル概念を詳細に検討したルダもそのことを指摘しています（Ruda 2011）。

＊46　それは「富裕な階級」による慈善活動であっても同じだといいます（第二四五節）。

＊47　現代の日本において、生活保護がスティグマと受けられることが問題視されていることはよく知られています。

＊48　これも現代のワークフェアと重なり合います。

＊49　James/Knappik 2021.

＊50　『世界史の哲学講義』上、一四七頁（=GW 27-1, 84-85）。

＊51　ヘーゲルは、近代国家においては法典が編纂され、それが公になっていることが重要だと考えていました。第二章のはじめに引用した第二一五節は、まさにこのことを語っている箇所でした。そこでは、法典が公開されることはその民族の自己意識を発展させると述べられています（第二一五節）。

＊52　そうした特権を認められたコルポラツィイオンの一つが大学でした。一般ラント法の第二部第一二章第六七条では、大学がコルポラツィオンの特権を持つことが定められています。コルポラツィオンとしての大学とヘーゲルの大学論については大河内（二〇〇九）を参照ください。

＊53　ルソー『社会契約論』六四～六六頁。

＊54　『精神現象学』GW 9, 319-320。

＊55　一八二二・二三年講義、四三一頁＝GW 26-2, 996。この箇所は『法の哲学』第二五五節補遺にも採用されている。

*56 フリードリヒ・フェルスターの記録による(HBZ 213-214)。
*57 Avineri 1974, 165.
*58 このあたりの経緯については、高村(二〇〇七)によくまとめられています。
*59 Genz 1844.
*60 ニッパーダイ(二〇二一)上、三四〇頁=1983, 273。
*61 シィエス(二〇一一)。
*62 マルクスのアソシエーション論についてはたとえば大谷(二〇一一)。
*63 プラトン『国家』上、二八一~三三五頁。
*64 ここで身分と訳した言葉はstatusというフランス語で、まさに先に述べたドイツ語のStandと同じ語源の言葉です。
*65 フィーアハウス(一九八二)、三九四頁。
*66 ドイツ語で「統一」を意味するアインハイトEinheitは、字義通りに訳せば「ひとつであること」、「一性」であるということができます。
*67 「アルファベットのiに点を打つ」とは、最後の仕上げを行うことを意味する慣用的表現です。筆記体でアルファベットを書く場合には、iの点はその単語を書き終わってから最後に打つことになります。つまり点を打つことでその仕上げが行われるわけですが、しかしそのときには何が書かれるのかはもう決まってしまっているのです。
*68 ちなみにシューバルトに就職を世話したのはヘーゲルだったといわれています。
*69 ファルンハーゲン・フォン・エンゼの報告による(Varnhagen von Ense 1861, 161)。このエピソード

はLucas 1986, 185に紹介されています。

＊70　コゼレック(一九八二)、四五九頁。ヘーゲルはこの領主裁判権を批判しています(一八一七・一八年講義、二五五頁 = GW 26-1, 199-200)。

＊71　この点については神山(二〇一六)、二三九頁の指摘に示唆を受けた。

＊72　ヘーゲルは、彼らが選挙で選ばれることもあれば単に事務的に選ばれることもあるだろうといいます(一八二四・二五年講義、五七七頁 =GW 26-3, 1461)。選出方法はその団体ごとに任されていると考えてよいでしょう。

＊73　こうした見解にもヘーゲルのフランス革命に対する反省が現れています。ヘーゲルは一八二四・二五年講義で次のように述べています。「フランスでは国民投票がきちんと行われず、ジャコバン派だけが投票に出かけ、投票を有利に導きました。彼らは党派心が強く、あらゆる可能な私的情熱をそれに傾け、暴力的・扇動的な振る舞いに出、人に嫌疑をかけ、投票所に行きづらくさせました。国民投票の結果として出てきたのは、一党派の思う意のままという事態で、その党派たるや、世論を代弁するどころか、まさにその正反対の偏狭な集団でした」(一八二四・二五年講義、五七五頁 = GW 26-3, 1460)。こうした、ヘーゲルによるフランス革命の具体的分析が適切なものであったのかどうかを筆者は判断することはできませんが、ヘーゲルが危惧しているような事態が現代にしばしば生じるような事態であることは容易に見て取ることができるでしょう。

＊74　「よきポリツァイ／よき統治gute Polizey」という表現は、ポリツァイ学の歴史の中でも使われてきました(Simon 2004)。

＊75　ここでいう「公選gemeine Wahl」は必ずしも選挙とは限りません。それぞれのコルポラツィオンに

おいて定められた形で、構成員が納得いくような仕方で選出されていれば認められると考えられます。

＊76　アヴィネリは次のように述べています。ヘーゲルは「貧困問題に関して結局『近代社会を揺り動かす最大の難問』の一つであると語る以外のどんな言葉も持たないのである。他のどのような場合にも、ヘーゲルは問題をそのままに放置しておくことはしないのだが」(Avineri 1974, 154)。

＊77　この点についても詳しくは、大河内(二〇〇九)をご覧ください。

＊78　一八世紀フランスのアカデミーについては、隠岐(二〇一一)。

＊79　ヘーゲルは、ブルシェンシャフトと呼ばれる学生団体の自由主義運動には一貫して批判的でしたが、それは、これが反ユダヤ主義とも結びついたナショナリスティックな運動だったからでした。

＊80　大沼(二〇〇五)、一六九頁。

＊81　ハーバーマスの「憲法パトリオティズム」については、ミュラー（二〇一七)を参照。

参考文献

翻訳が存在する欧文文献については、ことわりなく訳文を変更している場合がある。

0. ヘーゲル全集

Georg Wilhelm Friedrich Hegels Gesammelte Werke. In Verbindung mit der deutschen Forschungsgemeinschaft, herausgegeben von der Rheinisch-Westfälischen Akademie der Wissenschaften, Hamburg, 1968ff. (GW)

※この全集に収録されているものについてはそれぞれ翻訳のページ数と並べて巻数（分冊の場合はあわせてその分冊数）と頁を表記する。例（GW26-2, 990）

1. ヘーゲルの同時代人によるヘーゲルについての報告

F. Nicolin (Hrsg.) , *Hegel in Berichten seiner Zeitgenossen*, Hamburg, 1970. (HBZ)

2. ヘーゲル『法の哲学』

ヘーゲル『法の哲学』（*Grundlinien der Philosophie des Rechts*）からの引用は節番号を記し、本文以外は註解か補遺かをそのあとで明示する。

Georg Wilhelm Friedrich Hegel, *Grundlinien der Philosophie des Rechts*, in: *Georg Wilhelm Friedrich Hegels Gesammelte Werke*. In Verbindung mit der deutschen Forschungsgemeinschaft, herausgegeben von der Rheinisch-Westfälischen Akademie der Wissenschaften, Hamburg, 2009, Bd. 14-1.

補遺については、以下を参照した。また、『法の哲学』のテキストについての説明は本文、三六〜三九頁を参照。G. W. F. Hegel, *Grundlinien der Philosophie des Rechts*, Werke in 20 Bänden, Band. 7, Frankfurt am Main, 1986.

3. ヘーゲル『法の哲学』の日本語訳

田村實訳『法律哲学綱要　上・下』改造社出版、一九三八年
速水敬二・岡田隆平訳『法の哲学　自然法及び国家学』ヘーゲル全集第九巻、岩波書店、一九五〇年
高峯一愚訳『法の哲学──自然法と国家学 上・下』創元文庫、一九五三・五四年
三浦和男訳『法権利の哲学──あるいは自然的法権利および国家学の基本スケッチ』未知谷、一九九一年
藤野渉・赤沢正敏訳『法の哲学　I・II』中公クラシックス、二〇〇一年
上妻精・佐藤康邦・山田忠彰訳『法の哲学──自然法と国家学の要綱　上・下』岩波文庫、二〇二一年
※本書では、上妻・佐藤・山田訳を参照しながら適宜訳を修正しています。

4. ヘーゲルの「法哲学」講義

本書では、講義を参照する場合には以下のようにその講義の開講された年を表記し、各訳書の頁とGW26の頁を記しています（ただ各翻訳は、GWではなく、それぞれ以前に出版された版に拠っています）。

一八一七・一八年講義（ヴァンネンマン）
Wintersemester 1817/18. Nachschrift von Peter Wannenmann, in: GW 26-1
『自然法と国家学講義　ハイデルベルク大学1817・18年』高柳良治監訳、法政大学出版局、二〇〇七年

一八一八・一九年講義（ホーマイヤー）
Wintersemester 1818/19. Nachschrift Carl Gustav Homeyer mit Varianten aus der Nachschrift Peter Wannenman, in: GW 26-1
『自然法および国家法　『法の哲学』第二回講義録1818／19年冬学期・ベルリン』尼寺義弘訳、晃洋書房、二〇〇二年

一八一九・二〇年講義（リンギーア）
Wintersemester 1819/20. Nachschrift Johann Rudolf Ringier mit Varianten aus der Nachschrift Anonymus und Nachschrift Anonymus (Bloomington) mit Varianten aus der Nachschrift Rudolf Ringier in: GW 26-1
『ヘーゲル法哲学講義録1819／20』中村浩爾・牧野広義・形野清貴・田中幸世訳、法律文化社、二〇〇二年

一八二一・二二年講義（キール）

Wintersemester 1821/22. Nachschrift Anonymus (Kiel). Fragment, in: GW 26-2
『法の哲学 「法の哲学」第四回講義録　１８２１／２２年冬学期ベルリン・キール手稿』尼寺義弘訳、晃洋書房、二〇〇九年

一八二二・二三年講義（ホトー）
Wintersemester 1822/23. Nachschrift Heinrich Gustav Hotho mit den Marginalien einer späteren Überarbeitung und Varianten aus den Aufzeichnungen von Karl Wilhelm Ludwig Heyse, in: GW 26-2
『ヘーゲル教授殿の講義による法の哲学 Ⅰ 「法の哲学」第五回講義録――１８２２／２３冬学期ベルリン H・G・ホトー手稿』尼寺義弘訳　晃洋書房、二〇〇五年
『ヘーゲル教授殿の講義による法の哲学 Ⅱ 「法の哲学」第五回講義録――１８２２／２３冬学期ベルリン H・G・ホトー手稿』尼寺義弘訳　晃洋書房、二〇〇八年

一八二四・二五年講義（グリースハイム）
Wintersemester 1824/25. Nachschrift Karl Gustav Julius von Griesheim: in GW 26-3
『法哲学講義』長谷川宏訳、作品社、二〇〇〇年

一八三一・三二年講義（シュトラウス）
Nachschrift David Friedrich Strauss, in: GW 26-3

5. その他のヘーゲルのテキスト

「ドイツ憲法論」『ヘーゲル　政治論文集　上』金子武蔵・上妻精訳、岩波文庫、一九六七年
『精神現象学　上・下』熊野純彦訳、ちくま学芸文庫、二〇一八年（GW9）
『論理の学Ⅲ　概念論』山口祐弘訳、作品社、二〇一三年（GW12）
『世界史の哲学講義　ベルリン１８２２／２３年　上』伊坂青司訳、講談社学術文庫、二〇一八年（G. W.F.Hegel, Vorlesungen über die Philosophie der Weltgeschichte. Berlin 1822/1823. Nachschriften von Karl Gustav Julius von Griesheim, Heinrich Gustav Hotho und Friedrich Carl Hermann Victor von Kehler, hrsg. von Karl Heinz Ilting, Karl Brehmer und Hoo Nam Seelmann,Vorlesungen. Ausgewählte Nachschriften und Manuskripte, Bd.12, Hamburg: Felix Meiner Verlag, 1996.）

6. フーコーの著作

以下のフーコーの著作については、タイトルとページを挙げる。

『言葉と物——人文科学の考古学』渡辺一民・佐々木明訳、新潮社、一九七四年（Michel Foucault, *Les Mots et les choses. Une archéologie des sciences humaines*, Paris: Gallimard, 1966.）
『監獄の誕生——監視と処罰』田村俶訳、新潮社、一九七七年（Michel Foucault, *Surveiller et punir, Naissance de la prison*, Paris: Gallimard, 1975.）
「社会医学の誕生」小倉孝誠訳、『ミシェル・フーコー思考集成Ⅵ』筑摩書房、二〇〇〇年（Michel Foucault, « La naissance de la médicine sociale», *Dits et écrits II*, 1976-1988, Gallimard 2001(DE II), 207-228.）
「統治性」石田英敬訳、『ミシェル・フーコー思考集成Ⅶ』筑摩書房、二〇〇〇年（Michel Foucault, La

« Gouvernementalité », *Dits et écrits, II*, 1976-1988, Gallimard 2001(DE II), 635-657.)
「全体的なものと個的なもの　政治的理性批判に向けて」北山晴一訳、『ミシェル・フーコー思考集成Ⅷ』筑摩書房、二〇〇一年(Michel Foucault, ««Omnes et singulatim»: vers une critique de la raison politique», *Dits et écrits, II*, 1976-1988, Gallimard 2001(DE II), 953-980.)
『ミシェル・フーコー講義集成6　社会は防衛しなければならない——コレージュ・ド・フランス講義1975—1976年度』石田英敬・小野正嗣訳、筑摩書房、二〇〇七年(Michel Foucault, «Il fault défendre la société» *Cours au Collège de France. 1976.* Gallimard/Seuil, 1997.)
『ミシェル・フーコー講義集成7　安全・領土・人口——コレージュ・ド・フランス講義1977—1978年度』高桑和巳訳、筑摩書房、二〇〇七年(Michel Foucault, *Sécurité, Territoire, Population. Cours au Collège de France. 1977-78*, Gallimard/Seuil, 2004.)

7. その他の文献(日本語)

ジョルジョ・アガンベン(二〇〇三)『ホモ・サケル——主権権力と剝き出しの生』高桑和巳訳、以文社
ジョルジョ・アガンベン(二〇二一)『私たちはどこにいるのか?——政治としてのエピデミック』高桑和巳訳、青土社(Giorgio Agamben〔2020〕, *L' invenzione di un' epidemia*: English translation in: https://www.journal-psychoanalysis.eu/coronavirus-and-philosophers/)
ハンナ・アーレント(一九七二a・一九七二b・一九七四)『全体主義の起原1・2・3』大久保和郎・大島かおり訳、みすず書房
大河内泰樹(二〇〇九)「世俗化された日曜日の場所——ヘーゲルにおける「哲学」と「大学」」『哲学と大学』西

山雄二編、未來社
大谷禎之介（二〇一一）『マルクスのアソシエーション論――未来社会は資本主義のなかに見えている』桜井書店
大沼保昭（二〇〇五）『国際法――はじめて学ぶ人のための』東信堂
隠岐さや香（二〇一一）『科学アカデミーと「有用な科学」――フォントネルの夢からコンドルセのユートピアへ』名古屋大学出版会
重田園江（二〇〇三）『フーコーの穴――統計学と統治の現在』木鐸社
重田園江（二〇一八）『統治の抗争史――フーコー講義1978―79』勁草書房
重田園江（二〇二〇）『フーコーの風向き――近代国家の系譜学』青土社
神山伸弘（二〇一六）『ヘーゲル国家学』法政大学出版局
國分功一郎（二〇一三）『来るべき民主主義――小平市都道328号線と近代政治哲学の諸問題』幻冬舎新書
ラインハルト・コゼレック（一九八二）「プロイセンにおける国家と社会　一八一五―一八四八年」、F・ハルトゥング、R・フィーアハウス他『伝統社会と近代国家』成瀬治編訳、岩波書店
シィエス（二〇一一）『第三身分とは何か』稲本洋之助・伊藤洋一・川出良枝・松本英実訳、岩波文庫
カール・シュミット（一九七一）『政治神学』田中浩・原田武雄訳、未來社
カール・シュミット（二〇二二）『政治的なものの概念』権左武志訳、岩波文庫
アダム・スミス（二〇〇五）『法学講義』水田洋訳、岩波文庫
高村学人（二〇〇七）『アソシアシオンへの自由――〈共和国〉の論理』勁草書房
竹内啓（二〇一八）『歴史と統計学――人・時代・思想』日本経済新聞出版社

田中拓道(二〇二三)『福祉国家の基礎理論――グローバル化時代の国家のゆくえ』岩波書店
トーマス・ニッパーダイ（二〇二一）『ドイツ史 1800―1866 上』大内宏一訳、白水社(Thomas Nipperdey〔1983〕, *Deutsche Geschichte 1800-1918, Bürgerwelt und starker Staat.* C. H. Beck, München.)
エドマンド・バーク(二〇二〇)『フランス革命についての省察』二木麻里訳、光文社古典新訳文庫
イアン・ハッキング(一九九九)『偶然を飼いならす――統計学と第二次科学革命』石原英樹・重田園江訳、木鐸社
ユルゲン・ハーバーマス(一九九四)『公共性の構造転換――市民社会の一カテゴリーについての探究』細谷貞雄・山田正行訳、未來社
ルドルフ・フィーアハウス(一九八二)「一八世紀後期のドイツにおける身分制と国内行政」、F・ハルトゥング、R・フィーアハウス他『伝統社会と近代国家』成瀬治編訳、岩波書店
フィヒテ、ヨハン・ゴットリープ(一九九五)「知識学の原理による自然法の基礎」藤澤賢一郎訳、『フィヒテ全集第6巻 自然法論』哲書房(Johann Gottlieb Fichte〔1991〕, *Grundlage des Naturrechts nach Prinzipien der Wissenschaftslehre,* Hamburg: Felix Meiner verlag.)
福吉勝男(二〇〇二)『自由と権利の哲学――ヘーゲル「法・権利の哲学講義」の展開』世界思想社
プラトン(一九七九)『国家 上』藤沢令夫訳、岩波文庫
ビルガー・P・プリッダート(一九九九)『経済学者ヘーゲル』高柳良治他訳、御茶の水書房
ロルフ・K・ホッチェヴァール(一九八二)『ヘーゲルとプロイセン国家』寿福真美訳、法政大学出版局(Rolf. K. Hočevar〔1973〕, *Hegel und der Preußische Staat,* München.)
マックス・ホルクハイマー／テオドール・アドルノ(二〇〇七)『啓蒙の弁証法――哲学的断想』徳永恂訳、

岩波文庫
ヤン＝ヴェルナー・ミュラー（二〇一七）『憲法パトリオティズム』斎藤一久他訳、法政大学出版局
デイヴィッド・ライアン（二〇二二）『パンデミック監視社会』松本剛史訳、ちくま新書
ジャン＝ジャック・ルソー（二〇〇八）『社会契約論／ジュネーヴ草稿』中山元訳、光文社古典新訳文庫
ピエール・ロザンヴァロン（二〇二〇）『良き統治――大統領制化する民主主義』古城毅他訳、みすず書房
ジョージ・ローゼン（一九七四）『公衆衛生の歴史』小栗史朗訳、第1出版(George Rosen〔2015〕, *A History of Public Health*, revised expanded edition, Baltimore: Johns Hopkins University Press.)
カール・ローゼンクランツ（一九八三）『ヘーゲル伝』中埜肇訳、みすず書房 (Karl Rosenkranz〔1998〕, *Georg Wilhelm Friedrich Hegel's Leben*. Duncker & Humblot, Berlin 1844, Nachdruck: Darmstadt.)

8．その他の文献（欧文）

Avineri, Shlomo (1974), *Hegel's Theory of the Modern State*, London/New York: Cambridge University Press.
Blackmore, Erin (2020), Why plague doctors wore those strange beaked masks, National Geographic History & Culture, Coronavirus Coverage.(https://www.nationalgeographic.com/history/article/plague-doctors-beaked-masks-coronavirus) ＼二〇二二年四月四日閲覧
Conze, Werner (1992), Vom „Pöbel" zum „Proletariat". Sozialgeschichtliche Voraussetzungen für den Sozialismus in Deutschland, in: derselbe, *Gesellschaft-Staat-Nation : gesammelte Aufsätze*, herausgegeben von Ulrich Engelhardt, Reinhart Koselleck und Wolfgang Schieder, Stuttgart.

Eckart, Wolfgang U. (2011), *Illustrierte Geschichte der Medizin. Von der französischen Revolution bis zur Gegenwart*, 2. Auflage, Berlin/Heidelberg.

Frank, Johann-Peter (1779-1819), *System einer vollständigen medicinischen Polizey*, Bd. 1-4, Manheim, Bd.5 Tübingen, Bd. 6 (3 Teilbände) Wien.

Graunt, John (1676), Natural and Political Observations Mentioned in a following Index, and made upon the Bills of Mortality, 5th edition, London.（ジョン・グラント〔一九四八〕『死亡表に関する自然的および政治的諸観察』久留間鮫造訳、大原社会問題研究所編、統計学古典選集第三巻、第一出版）

Gentz, Friedrich von (1844), Ueber den Unterschied zwischen den landständischen und Repräsentativ=Verfassungen (1819), in: *Wichtige Urkunden für den Rechtszustand der deutschen Nation mit eigenhändigen Anmerkungen von Johann Ludwig Klüber*, aus dessen Papieren mitgetheilt und erläutert von C. Welcker, Mannheim.

James, Daniel/Knappik, Franz (2021), Eine Last der Vernunft. Frankfurter Allgemeine Zeitung, Oct. 2021. (https://zeitung.faz.net/faz/geisteswissenschaften/2021-10-06/b953d59cf4bbd1c9c42c8e8db98e7e85/?GEPC=s3)

Justi, Johann Heinrich Gottlobs von (1756), *Grundsätze der Policey-Wissenschaft in einen vernünftigen, auf den Endzweck der Policey gegründeten, Zusammenhange und zum Gebrauch academischer Vorlesungen abgefasset*, Göttingen.

Knemeyer, Franz-Ludwig (1978), Art. „Polizei“, in: Brunner/Conze/Koselleck (Hg.), *Geschichtliche Grundbegriffe. Historisches Lexikon zur politisch-sozialen Sprache in Deutschland*, Bd. 4, Stuttgart, S. 875-897.

Lenz, Max (1910), *Geschichte der königlichen Friedrich-Wilhelm-Universität zu Berlin, Erster Band. Gründung und Ausbau*, Halle.

Lucas, Hans-Christian (1986), "Wer hat die Verfassung zu machen, das Volk oder wer anders?" Zu Hegels Verständnis der konstitutionellen Monarchie zwischen Heidelberg und Berlin, in: Hans-Christian Lucas und Otto Pöggeler, *Hegels Rechtsphilosophie im Zusammenhang der europäischen Verfassungsgeschichte*, Stuttgart/Bad Cannstatt.

Meier, Hans (2009), *Die ältere deutsche Staats- und Verwaltungslehre*, mit einem Nachwort von Michael Stolleis, in: Hans Meier *Gesammelte Werke*, Bd.4, München.

Poole, Thomas (2020), Leviathan in Lockdown, *London Review of Books*. (https://www.lrb.co.uk/blog/2020/may/leviathan-in-lockdown)

Rössig, Carl Gottlob (1786), *Lehrbuch der Polizeiwissenschaft*, Jena.

Ruda, Frank (2011), *Hegels Pöbel. Eine Untersuchung der Grundlinien der „Philosophie des Rechts"*, Konstanz University Press.

Simon, Thomas (2004), *"Gute Policey." Ordnungsleitbilder und Zielvorstellungen politischen Handelns in der Frühen Neuzeit*, Frankfurt am Main: Klostermann.

Varnhagen von Ense, K. A. (1861), *Tagebücher von K. A. Varnhagen von Ense, aus dem Nachlaß Varnhagen's von Ense*, 1. Band, Leipzig, Brockhaus.

大河内泰樹（おおこうち・たいじゅ）
1973年、福岡県生まれ。京都大学大学院文学研究科教授。一橋大学大学院社会学研究科教授などを経て現職。哲学博士（ルール大学）。専攻はヘーゲルを中心とするドイツ観念論、批判理論、ネオ・プラグマティズムなど。日本ヘーゲル学会代表理事。NPO法人国立人文研究所代表。著書に『生命と自然――ヘーゲル哲学における生命概念の諸相』(共編著、法政大学出版局、2024年)など。

NHK BOOKS 1286

国家はなぜ存在するのか
ヘーゲル「法哲学」入門

2024年7月25日　第1刷発行

著　者　大河内泰樹　
発行者　江口貴之
発行所　NHK出版
東京都渋谷区宇田川町10-3　郵便番号150-0042
電話 0570-009-321（問い合わせ） 0570-000-321（注文）
ホームページ　https://www.nhk-book.co.jp
装幀者　水戸部 功
印　刷　三秀舎・近代美術
製　本　三森製本所

Printed in Japan　ISBN978-4-14-091286-7 C1310

NHK BOOKS

＊宗教・哲学・思想

仏像［完全版］―心とかたち―　望月信成／佐和隆研／梅原 猛
原始仏教―その思想と生活―　中村 元
がんばれ仏教！―お寺ルネサンスの時代―　上田紀行
目覚めよ仏教！―ダライ・ラマとの対話―　上田紀行
現象学入門　竹田青嗣
哲学とは何か　竹田青嗣
東京から考える―格差・郊外・ナショナリズム―　東 浩紀／北田暁大
ジンメル・つながりの哲学　菅野 仁
科学哲学の冒険―サイエンスの目的と方法をさぐる―　戸田山和久
集中講義！日本の現代思想―ポストモダンとは何だったのか―　仲正昌樹
哲学ディベート―〈倫理〉を〈論理〉する―　高橋昌一郎
カント 信じるための哲学―「わたし」から「世界」を考える―　石川輝吉
道元の思想―大乗仏教の真髄を読み解く―　頼住光子
詩歌と戦争―白秋と民衆、総力戦への「道」―　中野敏男
ほんとうの構造主義―言語・権力・主体―　出口 顯
「自由」はいかに可能か―社会構想のための哲学―　苫野一徳
イスラームの深層―「遍在する神」とは何か―　鎌田 繁
マルクス思想の核心―21世紀の社会理論のために―　鈴木 直
カント哲学の核心―『プロレゴーメナ』から読み解く―　御子柴善之
戦後「社会科学」の思想―丸山眞男から新保守主義まで―　森 政稔
はじめてのウィトゲンシュタイン　古田徹也
〈普遍性〉をつくる哲学―「幸福」と「自由」をいかに守るか―　岩内章太郎
ハイデガー『存在と時間』を解き明かす　池田 喬
公共哲学入門―自由と複数性のある社会のために―　齋藤純一／谷澤正嗣
ブルーフィルムの哲学―「見てはいけない映画」を見る―　吉川 孝
物語としての旧約聖書―人類史に何をもたらしたのか―　月本昭男

※在庫品切れの際はご容赦下さい。